400年前に築港された
ニューハウン。
童話作家アンデルセン
も好んで住み、多くの
童話を生んだ

首都コペンハーゲン

デンマーク王室の居城、
アメリエンボー宮殿。
正午には衛兵の交代式
があり、まさにおとぎ
話のよう

街に乳母車が行く。子どもがいる。
家族揃ってショッピング

保育園の近くの麦畑に
散歩。「これがパンの
材料になるんだ！」

子どもとおとな

歩けるようになって、
楽しくてしょうがない
女の子。
ママに見守られて

冬枯れの木立の下に、
クロッカスの絨毯。
春の訪れ

今日は一番低い枝。
明日はもう少し上へ…

リンゴや木の実をいっぱいつけて
小鳥たちのクリスマスツリーづくり

雪が降った森は最高の遊び場。
雪の座布団でランチタイム

学校大好き！　国民学校 3 年生

学校と子ども

下校後は学童へ。
国民学校 2 年生の二人

低学年の授業風景、
教員と副教員の二人

今は「醜いアヒルの子」でも、
いつか美しい白鳥になる

職業教育

煙突掃除の卒業実技試験。
これに受かると晴れて「職人」

食肉専門学校で肉をさばく生徒

ホーム内の美容室。
いつまでも美しく

時がたっても
華やかな
チューリップ

ライフクオリティ

スタッフとくつろいでコーヒータイム、
安心して「終《つい》」の生活を楽しむ。
プライエムのテラスで

曾祖母きみ子 80 歳、曾孫ステファニー 3 歳

家族

スチューデント帽をかぶった日
長女ナナミ、1997 年 6 月

ブラントさんちのクリスマスイブ　2001 年

夫ビョワァー初の来日、
1968 年 8 月

フィンランド、ヘルシンキ経由で日本に帰国。お世話になった人たちの暖かい見送り

想い出

私の精神的支えになった
親友二人と
結婚を決意した年に。
(著者は左端)

デンマークの子育て・人育ち

「人が資源」の福祉社会

澤渡《さわど》夏代ブラント 著

大月書店

はじめに――子どもは神様の贈り物、年寄りは芸術の賜物《たまもの》

デンマークという国を知っていますか。多くの人は、「詩人で童話作家のアンデルセンが生まれた国」、また「福祉の豊かな国」として記憶しているかも知れません。デンマークは、スカンジナビア諸国の一国で、国名が「デーン人の境界地帯」に由来するといわれているように、東側にスウェーデン、北にノルウェー、そして南はドイツと、多くの国に隣接した位置関係にあります。また、自治国として、世界最大の島、グリーンランドと大西洋に浮かぶフェロー諸島を有し、これらを含めればヨーロッパ最大の国です。本国デンマークは、ドイツと陸続きのユトランド半島と大小さまざまの四〇六島でなっていますが、主要な島は、首都コペンハーゲンがあるシェランド島や、アンデルセンの生まれ育ったフュン島があげられ、総人口五四〇万人、面積は四万三〇〇〇平方キロで日本の約八分の一に当たる小さな国です。

地形的には国全体が平らで、優しい起伏の丘が波打ちながら広がっています。デンマーク人が「天山」と誇らしげに、かつ愛らしげに呼ぶ山は、一七三メートルしかありません。この平らな地

形も、階級意識を好まず、平等精神を尊ぶデンマーク人の精神に大きな影響を与えた一つの要因といわれています。かつて北海を荒らし、周囲の国々を震えさせたバイキングの末裔《まつえい》たちは、今や武器の戦いを好まず、温厚で明るく開放的な国民です。

デンマークは、正式国名を「デンマーク王国」といい、国の形態は立憲君主制です。現王室は、一五世紀から続くヨーロッパで最も古い王室であり、現在、女王マーガレット二世が国の象徴として君臨しています。マーガレット女王は、三人姉妹の長女として一九四〇年に誕生されました。歴史的に、王位は男子継承でしたが、一九五三年の憲法改正によって女子継承が可能になり、長女のマーガレットが王位継承者となりました。デンマーク国民は王室を誇りに思い、聡明で魅力ある女王を、尊敬心とともに一体感をもって圧倒的に支持しています。また、王室のあり方自体が、デンマークの開放的・平等的な社会を表しているかもしれません。首都コペンハーゲンにある王宮は、堀も門もなく、市民が自由に往来する広場になっていて、一般の車の通行も可能です。また、王家自身も伝統的に国際結婚の家庭であり、現に女王の母、故イングリット王太后はスウェーデン人、また、女王の夫君ヘンリック殿下はフランス人です。ごく最近では、二〇〇四年に、女王ご夫妻の長男殿下フレデリック王子がオーストラリア出身のマリー妃と結婚され、マリー妃は国民の絶大なる歓迎をうけました。

首都コペンハーゲンは、シェランド島の東側に位置し、古くから交通・通商の北欧の玄関口、また交易地として栄えてきました。現在のコペンハーゲン市の人口は五九万人、旧コペンハーゲン市内には、三〇〇年、四〇〇年前に建った重厚な建物が散在し、歴史を感じさせていますが、同時にすぐれたデザイン感覚をもった近代的なデンマーク建築も上手く調和し、コペンハーゲンの総合的美観をつくりあげています。

日本とデンマークの関係は、一八六七年の修好通商航海条約締結から始まり、海運および貿易を通じて発展し、現在も友好的な関係にあります。デンマーク人は日本産の乗用車を信頼し、日本人はデンマーク産の豚肉に舌つづみを打っています。

デンマークは、私をも暖かく迎えてくれました。縁あってデンマーク人の夫と結婚して、はや三六年の歳月をデンマークで暮らしています。その間、三人の子どもを育て、また、日本とデンマークの橋渡しの仕事に従事しながら、常に二つの国の社会に目を向けてきました。距離をおいてみるこの二つの社会は、そのしくみと人々の考え方の根底部分に大きな違いがあると、今あらためて痛感しています。

日本から聞こえてくる現代の社会状況は、幼児虐待、子育てができない母親、単身赴任や残業などで父親不在の家庭の存在、将来に展望のない若者たち、少子高齢化など不安定的要素が多く、けっして心休まるものではありません。

さらに「過労死」「お受験」「援助交際」「呼び寄せ老人」「不登校」「フリーター」など時代を描く言葉が生まれ、また、それが日常化してしまう、という現象に心を痛める思いです。

一方、日本から約九〇〇〇キロの距離にあるデンマークは、二〇〇五年一月に世界幸福度調査で

「世界一幸福な国民」と発表されました。これは、オランダのロッテルダムにあるエラスムス大学の教授が、九〇カ国一万人の人を対象にアンケート調査をした結果です。デンマークがトップに挙げられた理由としては、「デモクラシーが浸透し、汚職のない健全な社会構成がよい」「個人の人生を形成する社会構成がよい」「宗教・性の違いを越えた寛容さがある」などが挙げられていました。

子どもたちは、「学校が大好き」といい、若者は将来の職業に夢を託し、女性も男性も自分の受けた教育を基に職業につき、高齢者は第三の人生を生きいきと楽しんでいます。国は、「人」を大事な資源と位置づけ、国民が文化的かつ健全な生活を送ることができるように、きめ細やかな社会保障という安全ネットを張って、「見捨てられる人があってはならない」政策をとっています。しかし国民は、安全ネットがあるからといって、決してそれに身を委ねる「受け身姿勢」ではありません。人々の満足度は、「自分の人生を自分で決定すること」にあり、常に「自分らしい人生を築く」ことを真剣に考えています。この国民性の根源は、「自立」した人間像にあり、「個」を尊重することに始まりがあります。デンマークの子どもたちは、幼い頃から「個」が育まれ、体験を通して自分の「限界と可能性」を身につけていき、やがては生きる姿勢と進路において「自己決定」「自己管理」ができる自立した若者に育っていきます。大学に進学する学生数は日本より少なくとも、自分で選択した学業をもって職業につき、仕事に誇りをもつことにつながります。

また、出生率を見てみると、デンマークは一・七八（二〇〇四年）と、先進国の中でも高い数字を示しています。確かにこの数年、複数の子どもをもつ家庭が増加し、街には乳母車を押す姿が目立つようになりました。この現状の大きな理由は、子どもをもつ家庭への総合的な社会的支援が充実し、若い世代が職業を持ち続けながら安心して子どもを生み、育てることができる環境が整備されていることによります。

子どもを安心して育てられる社会の根本は、デンマーク社会の「人」が中心という政策理念に基づき、「人」を資源とし、育てることによって、結果的に「持続可能な国」が成り立っています。デンマークに「子どもは神様の贈り物、年寄りは芸術の賜物」という言葉があります。この言葉は、子どもと高齢者を大切にしていることを物語っていますが、やがては大人となり社会の担い手となる幼子は、確かに大事な社会の資源です。私は、真剣かつていねいに子どもと向き合っているデンマーク社会を見て、「人育ち」が、経済的にも生活的にも世界のトップ水準にあるデンマーク社会の全ての根本だと痛感しています。同時にこの国は、小さくてもとても大きな国であるように思えます。このようなデンマークの社会事情を、子どもの誕生から育て方、育ち方を通して紹介し、少しでも日本の社会展望のヒントになることを心から願って、本書をしたためました。

二〇〇五年三月二五日　　　　澤渡夏代ブラント

デンマークの子育て・人育ち――目次

序章

デンマークの大事な「資源」子ども

あなたはママの宝もの

一　経験から学ぶ

●危ないことも危なくない

二〇〇五年春のこと、四歳の孫ステファニーを保育園に迎えにいくと、たっぷり保育園で遊んできたにもかかわらず、またブランコのある公園に寄り道です。その日は私に、「いろいろなブランコの乗り方を教えてあげる」というのが寄り道の言い訳で、車のタイヤを利用したブランコに〝立ち乗り〟〝片足乗り〟そして〝寝乗り〟と、本人はすっかりサーカスのアーチスト気取りです。でもやっていることはごくシンプルで無邪気なものです。それでも私が「すごいわね。怖くないの」と聞くと、「ぜ〜んぜん、ほら、お空に入っちゃうよ」と、今度はしっかりタイヤに腰を落としてブランコをこぎはじめました。デンマークにいても、やはり「ブランコ揺れる、お空に揺れる……」という日本の童謡が、この光景にはぴったりです。

このごろ、日本の都心ではブランコが公園や学校から消えつつあり、またナイフや包丁類を子どもから遠ざけて、子どもたちが危険な目にあわないように守っている、と耳にします。「ブランコが消える、守っている？」どこか違うのではないかしら。今の日本の都会の子どもたちは、ブランコが揺れて大空が目の前に広がるあの開放感は、味わえないのでしょうか。また、ナイフで木の棒を削って、また削って、細くとがった先をつくる達成感も味わえないのでしょうか。デンマークでは危ない道具を取り除くという処置より、それ以前の問題として安全性を高めることに重点をおいています。町の中に散在する公園や施設の遊具の下は、砂やウッドチップが敷きつめられて、子どもにやさしい対策がとられています。もちろん、ブランコやその他の遊具についても、子どもたちに使う前に周囲に友達がいないか、確かめる意識を植えつけなくてはなりません。保育園などで、おとな（保育士）が子どもたちに説明している光景をよく目にします。

タイヤブランコに体がすっぽり
“ああいい気持ち”

●経験は師なり

きっと孫のステファニーは、私が保育園に通っていないので、ブランコをこげないと思っているのでしょう。この日も私をもう一つのブランコに座らせて、後ろから押してくれると言います。私も初心者のような顔をしながら、「後ろに立っているとブランコが返ってきた時にぶつかるから危ないのよ」と言って、彼女に離れるように促しましたが、私の世話をしたいのか、どうしても「押す」と言います。彼女にしてみれば、後ろに立つことがどうして危ないのか経験したことがありませんから、私の言葉を鵜呑みにするわけにはいかないし、私は私で、ブランコの先輩ぶって私の背を押したがるステファニーの気持ちをむげにはできません。

押してくれるといっても、四歳の子の力はささやかです。ゆらり、ゆらり揺れている私のようすに大満足しているようです。それでも私は、ブランコがもどる時、後ろにいるステファニーに当たらないように足で軽くブレーキをかけていました。しかし、後ろにいることが危険を伴うことを本人に悟らせなくてはなりません。そこで私の足で揺れの幅を調節していたのをやめ、ステファニーの体に軽く当たるようにしてみました。ステファニーは、不意をつかれて自分の体にブランコが当たったことに不服で、「漕ぎ方が悪い」と、額にしわをよせ、口をとがらせて「痛かった」と抗議します。

「ブランコは、上にも行くけれど、また必ずもどってくるのよ。その時に後ろにいると当たってしまう、って最初にお話したわよね。だからあなたは、自分が乗る時もそばに誰かいないか確かめなくてはならないし、あなたもブランコの後ろにいると危ないのよ」という私の説明に、大きな目をさらに大きくして真剣に聞いていました。こうして、納得し機嫌も直った四歳の子と、手をつなぎながらスキップで帰宅の途につきました。

これに似たようなことを私は、自分の子どもが幼い頃にしてきました。「経験」に関して白紙状態の幼児に何かを伝えたいとか、教えたいというときに、大人の意見を押し通すような手段は、幼い子でも面白くありません。彼らには幼いなりの考えがあるはずです。例えば、季節が秋から冬に変わり手袋や帽子が必要な時期を迎えても、その寒さの程度に無知な子どもは、手の自由を奪われる手袋や、圧迫感を感じる帽子を嫌がるものです。でも、大人は十分その寒さを経験していますから、その寒さが念頭にあり、「手袋をしなさい。帽子をかぶりなさい」と、嫌がり泣く子に、何がなんでもいうことを聞かせようと奮闘している親の姿も見かけます。でも少しの回り道をすることも一案です。その他にもっといい方法もあるかもしれません。

私は、手袋をしないと指先が痛むことや、帽子をかぶらないと耳が痛くなることを、子どもにまず伝えました。それでも子どもが拒否した場合には、バッグに手袋や帽子をしのばせて「どうぞ、どうぞ、そのままで外に出てください」と外出したものです。そのうち、北欧の零下の外気が子どもたちの指や耳に染み込んできて、「手袋をはめる」「帽子をかぶる」と言い出す結果になります。このような経験を一度や二度くりかえすと、子どもは親の提案を信頼するのでしょうか、案外素直に受け入れるようになるようです。ちょっとした工夫で、子どもは泣くエネルギー、おとなはイライラのエネルギーを使わないですむようです。

デンマークの保育園を訪問する日本の保育士たちは、ナイフを使って木を削っている子どもを見て、「エッ！　ナイフを使って危なくないの」と驚きの声をあげます。驚くのはごもっとも、何しろ三、四歳の子がナイフを使って木を削っているのですから。デンマークの保育士は「子どもが興味をもったら、正しい使い方を教えます」。そして「近くに友達がいないか確かめ、近くに来たら削るのをやめることを約束事にするのだ」と答えてくれました。また削るための場所も一定にして、そばに必ず一人おとながいる、という保育園もあります。

「使いたい」という興味が出た時に正しい使い方を教えるということは、目の前から危険要因を取り除くより、長い目でみれば安全なのかもしれません。

保育士に見守られ、どんどん削る力をつける保育園児

多くの子どもは、料理作りやケーキ作りが大好きです。デンマークの家庭でも、子どもは親と一緒に台所でお手伝いをするのが大好きです。私の孫ステファニーも週に一、二度は、私の家に食事にきますが、私が台所に立つと必ず、「お手伝いします」と、キッチンテーブルによじ登り、腕まくりをしてちょこんと座って準備しています。子どもが台所に参加するのは、面倒な点がたくさんあり、私たちの忍耐にも関わってきます。ましてや三、四歳の子どもに何ができるのでしょうか。

私たちは往々にして、「テレビを見ていなさい」「部屋で遊んでいなさい」と言いがちです。しかし、せっかく子どもが興味を示しているのに拒否することは、とてももったいないことです。子どもが小さいときは「危ない」「じゃまだ」と台所から締め出しておいて、大きくなって用事ができるようになった頃に「お台所をやりなさい」と、親の都合のいいことを言っても、若者に受け入れられない可能性もあります。

私は、ステファニーにゆで卵の殻をむいてもらうことから始めました。その頃二歳の本人は、すっかり料理に参加している気分です。レタスをちぎったり、トマトやパセリを飾ったりする作業もお願いしました。できあがったものに、本人は大得意、「私が作ったサラダ」となって美味しさも倍増します。それに何といっても、食べるだけではなく「自分が参加した」という共同作業の満足感と、「援助をした」という達成感が、幼い心にも十分浸透していきます。このような、ささやかなひとコマでも、「子どもが家族の一員である」という存在感が養われるのではないでしょうか。

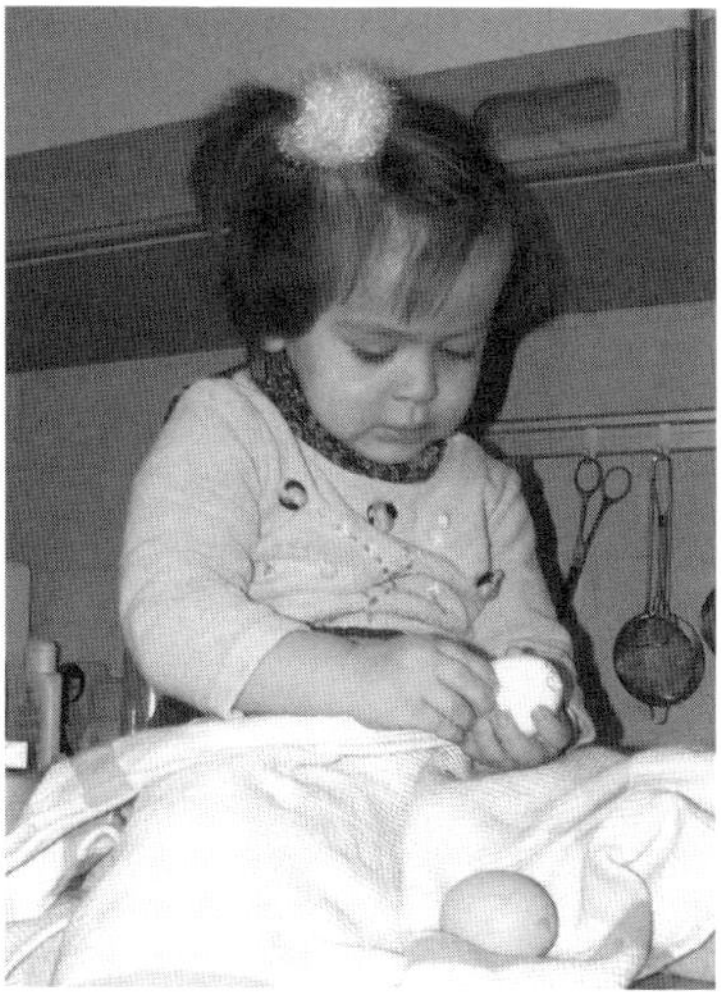

ゆで卵の殻を一心にむく

●初孫の誕生

二一世紀の幕が開くその前年、私に初孫ステファニーが誕生しました。あいにく私自身は東京に滞在中で、息子夫婦が手を握りあい励ましあっている時に、何の役目も果たすことができませんでした。「女の子。母子ともに健全」という第一報に、あたり構わず感謝を述べたい気持ちでした。東京滞在の予定を繰り上げ、飛行機内を駆ける気持ちでデンマークにもどり、「どんな顔かしら」「髪の毛は何色かしら」とワクワクする気持ちで、コペンハーゲン県立ビドオワ病院の産科病棟の一室に駆け込みました。初孫の柔らかな肌と温もりを手の中にした時、「この世界にようこそ。生まれてきてありがとう」という言葉と同時に、私の命がこの子に受け継がれ、長い生命が糸でつながっていることを実感しました。

ここまでは、どこの国でも見かけられる光景です。私が初孫に抱いた気持ちは、多くの新米祖父母の気持ちと何の変わりもありません。ところが病室に入ると、八畳ほどの広い部屋にママ用のベッド、ベビーベッド、そしてソファベッドがあり、パパも宿泊できるようになっています。話を聞けば、息子も出産に立ち会った後、宿泊して父親としてできる娘の世話をしているといいます。赤ちゃんは新生児室などに入らず、両親とともに過ごします。私がいる間も度々、看護師さんがようすを見にきてくれるので、「ここは病院なのだ」という実感を得ますが、ソファに座ってゆっくりと初孫を抱ける余裕は、家庭的で暖かなものでした。この子の誕生は、家族の祝福とともに「社会で歓迎されている」ことをしみじみ感じさせてくれました。科学的知識が発達しているこんにち、人間の誕生を奇跡だと思う人は誰もいない世の中になりましたが、やはりロマンチックに考えると、何か絶大なるものの恵みのように感謝する人もいると思います。デンマークでは、「子どもは神様の贈り物。年寄りは芸術の賜物」と、人間のスタートとターミナルを尊ぶ言葉があります。デンマークの社会全体のコンセンサスである「人間の尊厳」を、人生のスタートとなる出産から重要視するのは、当然の姿勢かも知れません。

●子どもと両親の絆のスタート

デンマークでは出産を含めすべて公共医療で、ホームドクターおよび助産師の定期検診から出産まで無料で行われます。私の初産は三四年前の昔、デンマークに来て二年たった年でした。新生活をスタートした私たちでも出産にかかる費用の心配は無用で、さらに助産師のすすめで妊娠中、夫とともに呼吸法のトレーニングに通い、陣痛・出産に備えましたが、これも無料でした。夫が一緒に呼吸法を学ぶのは、陣痛時に妻に呼吸法を促すことができるようにするためです。出産事情に関することは、三〇年前も現在も基本的な部分で大きな変化は見られないとしても、大きく変化した点に、病室があげられます。当時は一室に四人の母親が入院し、授乳時間以外は新生児室でケアされていました。このため、授乳時間以外に来る訪問者は、新生児室の窓越しで赤ちゃんと対面したものです。

現在、父親も子どもの出産に参加するのは無論のことですが、産後すぐに父親が育児に関わることができるよう、両親での入院が可能です。母親は妊娠中の九カ月間、胎動を感じ、身体の変化を通して徐々に母親の姿勢を整えることができますが、父親は身体の変化もなく、急に胸に赤ちゃんを抱かされても、戸惑いを感じるのも無理はありません。母親の胎内から子が世に出る瞬間を両親で迎えることは、父親としての自覚、子への慈しみ、妻の安心感などに大きな意義を含み、子どもにとって人生の明るいスタートラインを用意するものです。現在のデンマークは、出産のための病室や設備というハード部分と、両親でわが子を産み、父親も出産その日から育児参加する「両親の愛情」というソフト部分の、大事な二つが備わっています。

いま日本では、子どもたちに「命の大切さ」を教えようと多くの方が試行錯誤しています。しかし、その取り組みを垣間見ると、どうも「自分以外の人を傷つけない」「自殺をしない」ことを出発点としているように感じてなりません。私たちはまず自分が大切にされることで、おのずと他人も大切に思う気持ちが芽生えるものです。命の大切さを、生まれてくる子どもたちの人生のスタートから考えることがどんなにか大切かを、孫の誕生を通じてあらためて実感しました。

●デンマークの大事な「資源」子ども

デンマークでは、この数年ちょっとしたベビーブームです。街を歩くと、乳母車を押して散歩や買い物に出ている母親や父親の姿が目立ちます。二〇〇四年の出生率から見れば、EU諸国の平均が一・五に比べ、デンマークは一・七八と、EU諸国の中でも高い数字です。日本の出生率は毎年のように下がり、二〇〇四年の発表では、わずか一・二九、東京都では〇・九九と恐るべき数字を示しています。両国の男女の生活を見てみると、日本では女性労働力率（働いている人の割合）は四八・三％（厚生労働省『労働力調査』二〇〇三年）で専業主婦志向が依然高いと報告されています。デンマークの女性の社会進出はすでに一九六〇年後半から本格的に進み、現在では一六歳から六六歳の女性の七八％が就労し、世界でも最も高い水準の男女参画型社会が築かれて

デンマークおよび日本の合計特殊出生率の動向

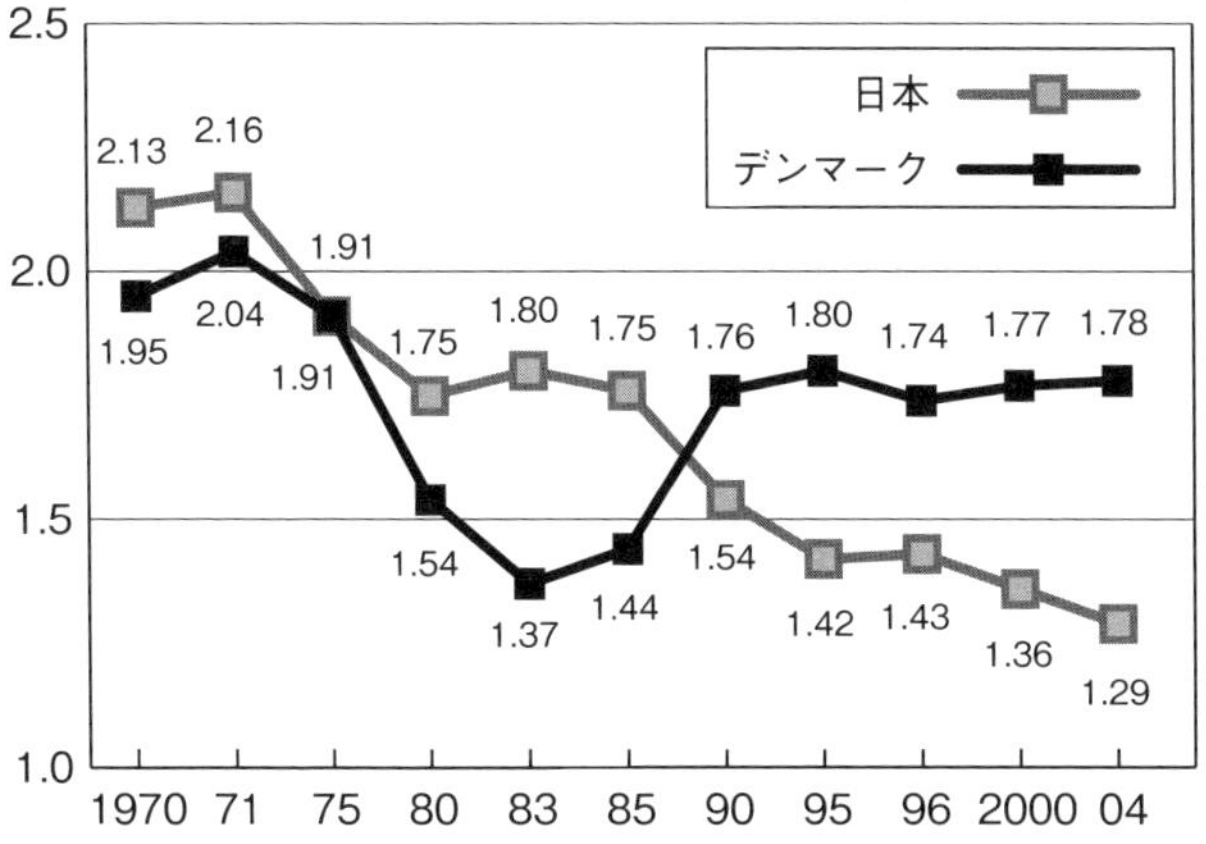

コペンハーゲン市街地で見かけた親子連れ

います。実際、職業をもたず家庭にとどまる「主婦」という立場は、その言葉すら消滅しかかっているほどです。女性たちは自分の受けた教育を基に仕事につき、男性と同じように六五歳の定年までフルタイムで仕事をもつのが一般的です。このように女性が子どもをもち、家庭をもち、しかもフルタイムの仕事をもって、なぜ出生率が上がるのか。どうやって日常生活をこなしていけるのか。デンマークの社会のしくみ、男女のあり方などを通して疑問を解いていきたいと思います。私たちは人類の継続、また社会経済を円滑に保つ意味でも、単純に考えても夫婦二人が、二人の子どもを生まなくてはなりません。しかし、子どもが増えれば問題解決となるでしょうか。その子が社会の中でどのように育ち、どんな人生を送ることができるかは、生きていく社会のしくみと環境が大いにライフクオリティに影響します。日本から「子どもは一人でたくさん」とか「子どもをもつのは大変」という声を聞く中で、デンマークの夫婦が

「子どもは神様の贈り物」「望まれて生まれる子」といえるのは、〝文化の違い〟だけではなく、さまざまな社会システムの根源に、「人」を資源とし、誰もが健康で文化的な生活を送る権利があることを基にした「人育て」があることに大きな鍵があるようです。

第一章
私の手づくり人生

●旅することは生きること……H・C・アンデルセン

バイカル号で青春への旅立ち

一　私の手づくり人生

●青春へのブレイク

その日、一九六六年七月二七日は、名実ともに私の青春の船出の時でした。私とヨーロッパ行きに意気投合した同じ職場の二〇歳の女性M・Hさんは、横浜港から出航するロシア船バイカル号のデッキに立ち、岸壁で見送る友人数名とテープでつながれていました。静かに、そして力強いドラの音とともに、バイカル号は静かに岸壁を離れ、私たちと見送ってくれている友人とをつなぐテープもとうとう切れてしまいました。港がどんどん遠くに行ってしまう光景を見つめながら、しばらく帰ってこないだろう日本に、両親や妹弟に、「行ってきます」とつぶやいていました。

私は一九歳、大学教育もなく、英会話の実践経験なし、往復切符なし、滞在先なし。そして財布には、やっと三〇〇ドル（当時約一〇万円相当）とないないづくし。あるのは、広い世界で待っているだろう未知の経験を頭に描いた、はちきれそうな期待だけでした。

当時の日本は、海外旅行が自由化する数年前で、海外旅行にはいろいろな制約がありました。まず、旅券を発行してもらう以前に、外務省で渡航許可をもらう手続きが必要でしたが、それには海外往復切符を買うことが条件でした。「う〜ん、往復切符ね」。私たちの蓄えから往復切符料金を差し引けば、滞在費がなくなるのは、三本の指で数えられるほど簡単な計算でした。私たちの旅の手続きを担当してくれたスタッフの男性は、私たちの旅に対する熱意に圧倒されたのか「他の旅行社で帰りの切符を調達する、ということでしょう。ね、そういうことにしましょう」と申請に骨をおってくれました。

ナホトカからハバロフスクへの
車中。みんなで日本の歌を合唱

私の海外へのブレイクは、何か大きなものに呼ばれているような、そして、体中の五感が「行けば何かがある」と感じるものがあったように思います。私たちの奇抜な計画は、そう簡単に周囲の賛成を得られるはずがありません。計画は、出発が迫るまで水面下で行われ、貴重な財源から季節はずれのバーゲン品のアノラックを買い込むと、ほとんど準備が完了しました。この時から、まさに「自分のことは自分で考え決断をする」ことが求められる、私の手づくりの人生が始まりました。

それでもラフな計画として、まず長年文通をしていた女性をフィンランド北部に訪問すること。そのあと、スカンジナビアのどこかの国でアルバイトをしてお金を稼ぐ。その後、ヨーロッパを旅行してフランスのマルセイユ港から船で日本に帰る、という約一年間の予定をたてていました。この旅の切符は、フィンランドの首都ヘルシンキまで買ってありました。ヘルシンキにたどり着くには、ロシア船バイカル号で津軽海峡を抜け、二日間でロシア沿岸のナホトカ港まで行き、ナホトカ港からロシアの汽車に乗り継ぎ、車中一泊でハバロフスクという街まで行き、ハバロフスク空港からモスクワに飛行機で飛ぶというルートです。

私たちはモスクワから国際列車に乗り、横浜を出発して六日目にフィンランドの首都、ヘルシンキに到着しました。列車が進みロシアからフィンランドに入る国境あたりで、空気も、またあたりの景色もパーッと明るくなった気配を感じました。それを感じた瞬間「ここは、森と湖の国フィンランド。ああ、とうとう来てしまった」という感激がこみあげてきました。列車が静かに終着駅ヘルシンキに入り、屋根のないプラットホームに降り立つと、ひんやりした空気と大きく広がる空の青さで、イメージしていた「北欧」が感じられました。しかし、そういつまでも感激に浸っているわけにはいきません。私たちには、まず宿泊するユースホステルを探す重要な課題があります。重厚な駅の建物の前で「さあ、どっちに行けばいいのか」とやや呆然と立っていると「Can I help you?」と大きな体の男性が声をかけてきました。「英語だ!」とっさに二人で顔を見合わせ「あなたが何とか答えてよ」と、お互いにうろたえながら目で合図をしました。さあ、英語の実践です。何をどう答えたのか、または、住所と地図を見せただけなのか、とにかく「ユースホステルに行きたい」ことは通じたらしく、その男性は、私たちを車に乗せヘルシンキスタジアムの近くのユースホステルに案内してくれました。初めての船旅、初めての飛行機、そして初めての英語実践。旅は、何とか順調に進んでいきました。

●めざすは、ストックホルムか

私たちは文通していた友人の暖かい家に三泊ほど泊めてもらい、その後、フィンランドの若者にならいヒッチハイクで再び南下して、フィンランド第二の都市、タンペレのユースホステルまでたどり着きました。周囲を二つの湖に囲まれたタンペレ市は、鉄道の駅からアレキサンダー教会までまっすぐに一・二キロのメインストリートが伸び、それに沿ってぎっしりと重厚なおもむきのビルが建ち並んでいます。ビルの一階のほとんどは百貨店、ブティック、そして銀行などに利用され、メインストリートはたくさんの人でにぎわっていました。私たちの移動手段は、ヘルシンキに到着して以来、すべてヒッチハイクでした。フィンランドは広く大きな国で、その広い国を移動する手段として、鉄道の便が悪かったのか、運賃節約のためか、若者は道路脇に立ち、親指を進行方向に向けて、通る車にサインを出し便乗させてもらう方法がごくあたりまえのように行われていました。

時は八月になり、フィンランドでは寒さを伴って秋が忍び寄っていて、ユースホステルの前に広がる湖の色も心なしか寒々しい群青色に見えます。私たちは湖畔のなだらかな岸に座りこんで食事をしながら計画会議をしたものです。食事といっても一番安くてお腹にたまり、さらに健康によいという、真っ黒なライ麦パンと、やはり一番安くて量がある調理用マーガリンが定番でした。人の気配すら感じない広い空間に、後ろは森、前は湖という雄大な景色の中にいる私たちの気分は、爽快でした。私たちの財政は、日本からもってきた少ない滞在費だけです。「ヨーロッパの風を一年近くかけて感じてみたい」という壮大な計画を遂行させるには、そうやすやすとお金を使うわけにはいきません。しかし同時に、安全パイとして予定していたフランスのマルセイユ港から帰国するための旅費を調達する必要もありました。

その当時、スカンジナビア諸国は著しい経済発展の時期にあり、女性の社会参加が本格化したものの、それでも足りない労働力を中東諸国から「ゲストワーカー」として呼び寄せ、補っていました。仕事は溢れるようにあり、多くの日本人の若者もスウェーデンの首都ストックホルムで職を得て、勉学の財源にしていると耳にしました。今流でいう、大変「おいしい話」です。「私たちにもチャンスがあるかも」と、不安の「ふ」の字も感じず、ワクワクした気分で、湖を越えたストックホルムに瞳を向けていました。

●歯科医家族との出会い

私たちの心がストックホルムに向かおうとした矢先、ストックホルムで仕事をしたという青年Mさんが、私たちと同じホステルに宿泊していました。彼は、「言葉がわからない外国人の仕事は

〝皿洗い〟程度、職場の雰囲気は荒々しく、女性に推薦できるところではない」と忠告してくれ、「フィンランドは、他の北欧諸国に比べると賃金は安いが、誠実な人々で安心して生活ができる」と私たちに方向転換をすすめました。私たちは、迷うことなく「誠実な人々で、安心した暮らし」を選び、タンペレにとどまることにしました。それからの日々はユースホステルのスタッフを巻き込み、新聞の求人広告を頼りに職探しです。

「ねえ、歯科医がオペアを募集しているけれど、どう？」と、協力的なスタッフが「あなたたちにぴったりよ」と言わんばかりに問いかけてきました。「オペアって、何だろう？」私たちには聞きなれない言葉なので返事に戸惑いましたが、「住み込みで子守りや簡単な家事をする仕事で、北欧では、将来看護師や保育士になる目的がある若者が経験する仕事」だと聞き、私たちには願ってもない経験だと面接のアポをとることにしました。

私が、いま振り返ってみて「わが青春に悔いなし」と言えるのも、このリーナマー家との出会いが大きな要因となっています。一家は、タンペレ市の中心街の端、そこから公園や樹木の空間が始まる場所のビルの五階に、歯科クリニックを併設して住んでいました。頑強な石造りの大きなビルは、荘厳にさえ感じられ、自分の手で押して扉を開閉させるエレベーターは、階に到着するごとに「ドン」と重厚な音をたてて歴史の重みを感じさせるものでした。私は、仕事はほしいけれど、雇用してもらえるかどうか、とても不安な気持ちでした。まず、私は外国人であり、会話する英語もままならない、おまけに子守りをするにもフィンランド語がまったく白紙状態、雇用者にとって得になることはまったくないのですから。「第一、もし逆の立場で私が雇用主だったら、右も左もわからない外国人を雇うかしら」と考えるにつけ、落ち込むばかりです。しかし、電話連絡の結果、「面接にくるように」との返事で第一段階は突破、少し先に光が見え、安堵感を覚えました。

約束の日、M・Hさんも同行して歯科医の家庭に乗り込みました。五階につき、エレベーターの「ドン」と響く音に後押しをされるように訪問のベルを押しました。ドアが開き、そこに立っていたのは、ニコニコ顔の歯科医オルリで、早速、私たちを居間に案内してくれました。居間で、歯科医の奥さんマヤの紹介を受け、たまたま訪問中だった歯科医の兄夫妻を紹介されました。私は「何とか雇ってほしい!」という強い思いと、反面「何から話してよいのか?」という戸惑いで、コチコチに緊張していました。しかし、それは、赤ちゃんの「昼寝からさめたよ」という報せの泣き声で救われました。ママのひざで眼をクリクリさせながら、四方八方に手を伸ばして「探検」している姿は、愛らしさいっぱい。赤ちゃんの無邪気なパフォーマンスで、私の緊張は解けていきました。それからは、赤ちゃんの笑顔に助けられながら、私の家族のこと、旅の途上であることなど、つたない英語をやりとりしながらの雑談をほんの少し楽しめたようです。

歯科医のオルリは、いかにも人が良さそうに終始ニコニコ顔。それに比べママのマヤは笑顔が少なく、口数も少ない人で、私に好感をもってくれているのかどうか、不安を感じていました。その時「明日からでも住むように……」という言葉がはっきりと私の耳に入ってきました。私は雇用されたのです。さらに幸運だったのは、偶然遊びにきていた歯科医オルリの兄夫妻が、「私たちもオペアがほしい。よかったらうちで働かないか」と、横浜港から二人三脚で旅をしていたＭ・Ｈさんの雇用を申し出たのです。

●衣食住を獲得して

リーナマー家は、夫婦と長女スサンナ五歳、次女アウリッキ三歳、そして長男ユッシ一歳の五人家族です。歯科医のオルリはタンペレ市で開業したばかりで、診察室にはピカピカの日本製の設備が整っていました。マヤは保育士の資格をもっていましたが、私が翌年の五月にリーナマー家を去るまで職をもたず、家庭にとどまっていました。私の勤務時間は、朝七時半から夕方の四時まで。仕事内容は、朝食、昼食、夕食の手伝い、二日に一度、居住場所に掃除機をかけること、日常の買い物、子どもの世話などでした。といっても、朝食はコーヒーを入れ、パンを切る程度、子どもたちにはシリアルと、手がかかりません。買い物は、足りないものを買い足す程度で、マヤの書いたリストを店のスタッフに見せると揃ってしまう、という簡単なものでした。リーナマー家では、夫が家を職場としていることから、昼食に温かい料理を食べていました。しかし、どうもリーナマー家は、食生活が質素のようです。料理はごく簡単で、一品の主菜と主食のじゃがいも、力を入れた日には、サラダ菜とトマトのサラダがつく、という一度なり調理法を見学すれば、料理の苦手な人でも習得できるようなものでした。夕食はハムやきゅうりをお皿にのせておけば、勝手にライ麦パンにのせて食べるというさらに簡単なものでした。二日に一度といわれた掃除も、居住部分は一五〇平米ぐらいありましたが、各部屋が整然としているため、掃除機をかける手間もかかりません。こんな申し分のない条件で、しかも寝食が保証され、そのうえ給料ももらえる、願ったり叶ったりのフィンランド生活が始まりました。

●子どもたちとのコミュニケーション

リーナマー家の「お手伝い兼子守り」といっても、マヤは家にいてほとんどの子どもの世話をするし、洗濯機は容量が大きく、毎日という仕事でもなく、私がすることは申し訳ないほどささやかでした。「そうだ、フィンランド語を勉強しよう」。私は、たっぷりある時間を利用して、子どもたちとのコミュニケーションを目的に、フィンランド語の独学を始めることにしました。特に女の子二人は、言葉が通じなくとも当初からなついてくれていて、一緒に公園に遊びに行ったり、私の部屋に入ってきたりと、かわいさがつのりました。いつも微笑みがある甘えん坊の長女スサンナ、ちょっとクールな次女アウリッキ、彼女たちともっと話がしたいと思うのは、ごく自然の要求だったのでしょう。単語だけを並べるような私のフィンランド語でも、子どもたちは素直に反応してくれましたが、どうしても巻き舌で発音する「R」が成功せず、スサンナにその都度からかわれていました。そして五歳の彼女は、私の前で鳥がさえずるように「ル、ル、ル……」とRを巻いて発音してみせるのです。

私は、一〇平米ほどの部屋をあてがわれ、生まれて初めて自分だけで使える部屋の贅沢さに満足していました。部屋の中には、取り付けのクローゼット、一人用のベッド、そして小さな引き出し付きの机が用意されていました。夕方四時には、フリータイムです。これもまた時間がもったいないので、市のサービスの一環である成人学級へ、英語を習いにＭ・Ｈさんと通うことにしました。

●「まずほめる」ことの大切さ

私は、一見《いちげん》の旅人ではなく、一般家庭に逗留した経験から、人々の考え方を学ぶことができました。それは、机で学ぶことより心の奥深くまで染み通る、まさしく生の体験ばかりでした。当時の私には、見るもの聞くものすべて新鮮で、驚いたり感動したり、私の五感すべてで吸収していたのだと思います。あとで私が家庭をもち、子どもの母親となって初めて、このフィンランド時代に経験したことが、長時間かけて発酵されたように私にもどってきました。そして、私の子育てに大きな影響を与えました。

それは、ある日。いつも開いている私の部屋のドアから、すでに一歳になったユッシがハイハイしながら入ってきました。私は、東京の家族にたくさんのことを報告するため、エログラム（航空書簡）のスペースいっぱいに小さな字で手紙を書いていました。

私の机には、いつもクレヨンと紙が女の子たちのために置いてありましたが、私が手紙書きに熱中している隙にユッシがクレヨンをもち、壁に楽しそうに描き始めました。それを目撃した私は、「あらまあ、ママにしかられる」と思い、どうにか行動を止めようと思いましたが、とっさに適切なフィンランド語が出てきません。私は自分で対応するより、ママを呼んでくることを選びました。私の当時の日本的なセンスでは、「何をしているの！」と大声をあげてしかることを想像していました。が、その時にママがまず一歳の子に静かに言ったことは、「まあ、上手に描けたわね」というほめ言葉でした。それから「でもね。お絵かきは、壁にするものではないのよ」と伝え、同時に彼をキッチンに移動しテーブルにつかせ、紙とクレヨンをもっていき、「お絵かきは、机に座って、紙の上に描くのよ」と教えていました。この「まずほめる」という経験は、二〇歳そこそこの私にとって少なからずカルチャーショックでした。たしかにおとなからみれば、いたずら書きですが、子どもにとって、教えられる以前には、壁でも紙でも描ける場所なのですから。この「まずほめる」という姿勢は、後日、私の子どもたちの保育園でも、またデンマークの社会でも見られる姿勢だということに気づきました。大人が頭ごなしにしかると、子どもは、それだけで恐れをなしてしまいます。しかしほめられれば、緊張も解けて、親の言葉を聞く耳をもつ、というわけでしょうか。その「ほめる」という行為は、今になってみればあたりまえの日常の姿勢ですが、当時の私は「なるほどね」と、いたく感動したひとコマでした。

二　フィンランドからスペインへ

●わかれ

東京育ちの私にとって、フィンランドの冬は想像を絶する厳しい寒さでした。タンペレ市を囲むナヤルヴィ湖とピハヤルヴィ湖の二つの湖は完全に凍結し、その周辺に並ぶ針葉樹は樹氷となり、白銀が短い日照を浴びてキラキラと輝いていました。零下二〇度などという日は、大気もピッと張り詰め、静寂で「何て気持ちがいいのか」と、思わず深呼吸したくなります。しかし、油断は禁物。気持ちがいいからといって、適当な服装で散歩などすると、寒気がたちまち染み通り、足のふくらはぎあたりに、ビンビンと痛さが感じられるようになります。それを案じて、マヤが「古着だけれど……」と、厚いウールのオーバーコート、毛皮の帽子、手袋、ブーツなどフィンランドの冬に立ち向かえる衣類を用意してくれました。

こうして私も初めて北欧の冬を経験し、フィンランド人家族の冬の生活を知ることもできました。スサンナとアウリッキは、毎日近くの公園で遊ぶことが日課でした。数時間を外で過ごせるように、彼女たちの体は完全装備で覆われ、顔だけが外気にさらされている状態です。私は、この公園に彼女たちを連れ出し、お守りをしてくれる公園おばさんに託してくるのが日課でした。冬の密閉された部屋の中での生活は、不健康になりがちです。北欧の人たちが外気を吸うということをとても大事にしていることを知りました。

週末になると、友人たちとイブニングコーヒーで団欒《だんらん》したり、また、遠方から家族が遊びにきたり、という楽しみ方があるのも知りました。日本の私の父も外出が大好きで、私たち家族は、近所の人が驚くほど川、山、海と頻繁に遊びに出ていましたが、友人や親戚を家庭に招き団欒する光景は、私の目にはとても新鮮に映りました。そして、何よりも私が感激したのは、リーナマー家の外出を含め、すべての家族の行動の輪の中にいつも私が入っていたことです。ともすれば忘れられがちな使用人の私と対等に接するという姿勢は、後日、私の生活姿勢に大いに影響をおよぼしました。

硬く凍りついていた樹氷が溶け始め、外を歩く私の体にポタリ、ポタリと水滴が当たり、冬が終わりに近づいていることを知らせていました。と同時に、それは私たちのフィンランド生活が終わり、ヨーロッパへ旅立つ日が近づいている予兆でもありました。貯蓄してあった八カ月分のお給料を下ろし、小さなテントを買って、次のチャレンジに心が弾みます。今度の出発は、Mさんも一緒です。彼は、フィンランド人のガールフレンドに別れを告げ、私たちとヨーロッパの旅にいくことを選びました。後日、私の鈍感さが明るみに出ましたが、MさんとM・Hさんに別れがたい恋心が芽生えていたようです。私は、そんなこととはつゆ知らず、「鬼に金棒」と男性の参加を単純に歓迎していました。何はともあれ、フィンランド中が夏の到来を祝う五月一日のメーデーの日に、人々が色とりどりの風船を掲げて歓喜している中、私たち三人は、お世話になった家族、親切にしてくれた友人・知人たち、そしてタンペレに別れをつげ、まずは最初の目的地としてノルウェーの最北端ノードカップ（Nordkapp）を目指すことにしました。

●私たちはヒッチハイカー

「ヨーロッパの最北端。岬の絶壁の下に群青色の海が漂い、水平線の上に広がる真夜中の空に太陽がギラギラと踊る……」と日本を出発する前に旅の雑誌で読み、「行ってみたい」と憧れていた場所です。いえ、厳密にいえばヨーロッパと陸続きではなく、小さな島、マーゲロイ島の北に突き出た岬なのです。

私たちのこれからの旅の移動はフィンランドの若者と同様、ヒッチハイク一本。すでにその秘伝はタンペレで修得していたので戸惑いはありません。列車やバス、ましてや飛行機などの乗り物は、考えにもおよびませんでした。幸い、北極圏のロヴァニエミや、さらに北にあるイナリ湖を通って、フィンランドの最北地まではかなりスイスイと進むことができました。しかしノルウェーに入ると、自動車の数は少なくなり、人家も少なくなってきました。視界に入るのは、広い緑の牧草と黄色のタンポポのコントラスト。そこに無数の山羊と羊がのんびりと草をはみ、私たちを見つけて「メエー、メエー」と声をかけてきます。それでも時折、通過するトラックが拾ってくれ、私たちはめざすノードカップがある島、マーゲロイまでなんとか到達することができました。しかし、観光オフシーズンということもあって、ここを往来する車は少なく、長時間待ったあげくにやっと軍用車のトラックを止めることができました。私たちはそれに乗せてもらい、ノードカップの岬まで連れて行ってもらいました。「来た、ついに最北端にたどり着いた」と、岬に今自分がいることが不思議な気持ちでした。岬の淵は鉄棒で柵がされ、絶壁の迫力を確認することもできず、曇り空で太陽がギラギラと踊る光景も見ることができませんでしたが、心は大満足です。

数時間たったのでしょうか。夕闇が迫り、岬で今度は帰りが心配になっている私たちが、祈る気持ちで耳をそばだてていると、車がじゃり道を踏んで入ってくる気配が感じられ、全員の耳が総立ち状態になりました。人の気配がない岬の隅にある小さなテントから転がるようにして飛び出してきた私たちを見て、驚いたのは車から降りたばかりの家族四人です。私たちは、このチャンスを絶対逃がすことはできません。全身全霊をこめて「車に乗せてください」とお願いしました。きっと私たちの姿は「不思議な東洋人」に思えたことでしょう。話を聞けば、この家族は近くの漁村から散歩がてら岬に来た、とのこと。さらに私たちに何の警戒心ももたずに、「今日はもう夕方で、これから島を出るのは無理でしょう。これからわが家に来て、泊まってから旅を続けるといい」と誘

ずいぶん待っても、車が止まってくれないことも……。荷物を椅子にして待ちぼうけ

ってくれました。私達は五人乗りの車に重なるようにして七人が乗り込み、彼らの住む漁村カーモイヴァル（Kamøyvær）に向かいました。

カーモイヴァルはフィヨルドに抱かれた小さな漁村で、フィヨルドに向かっていくつかのカラフルな住宅が建っています。その一軒がスンダーホルムさんの家で、二階屋の大きな家です。居間の大きな窓から、入り江の水と停泊する漁船をひとつの絵のように見渡すことができます。雄大な借景を眺めながらお茶を頂くなんて、何と贅沢なことでしょうか。夫妻と英語で会話をしていたのに、お茶をすすめる際にミセスがノルウェー語で「ヴェアースグゥー（どうぞ）」、と言った一言は、抑揚が優しい響きで耳に残る美しさでした。

夫妻はこの地域の小学校の教員で、「日本人に会えてとても嬉しいわ。明日、ちょっと学校に寄ってうちの生徒たちに日本の話をしてあげてくれないかしら」と頼まれ、もちろん三人は「お安い御用」と、喜んで行くことにしました。

学校の子どもたちの大きな関心事は、名前を日本語で書いてもらうことでした。紙をもって順番を待つ子たちはワクワク顔、名前を書いてもらった子は紙を大事そうに胸に抱きながら、時折、紙を見てニヤニヤして席に戻っていきました。ミセス・スンダーホルムは、「きっと、子どもたちの宝ものになるでしょうね」と私たちのささやかな行いを喜んでくれました。

こうして日本とノルウェーとの親善（？）を終え、ミスター・スンダーホルムに国道まで送ってもらいました。見ず知らずの人々から受ける親切は旅の醍醐味です。一昨日のミニ遭難の不安などこか遠くに去り、これからどんな経験が待っているだろう、という期待で胸が膨らんでいました。

私たちは南下してスウェーデンのボスニア湾沿いを通って、ストックホルムに入り、デンマーク、ドイツ、オランダ、フランスの国々をめぐり、七月下旬、スペインのバルセロナにまでたどりつきました。それにしても、日本という島国から来た私は、一本の道路上の遮断機が隣の国との国境になっている、という状況に驚かされました。遮断機の向こうの人たちの言葉は、こっちの人たちの言葉と違い、心なしか道端に咲く野花も違って見えるのです。私たちは日本で「スカンジナビア」とか「ヨーロッパ」とか区分し、その中の国々の相違などさほど考えていませんでしたが、国境の遮断機を越えただけで空気も違って感じられるほど、言葉、文化、歴史そして人々の考え方が大いに違うことに驚かされました。私たちは旅人で、ひとつの国にそう長く滞在することはありませんでしたが、それでもフィンランド人は喜怒哀楽を表に出さず一見近寄りがたいが誠実な国民性、スウェーデン人は一見おすましやさんで、そう簡単に友達になれないが、一度交流するととても親切。デンマーク人は気さくで明るい人々だが、理屈っぽい。ドイツ人は堅実さに満ちあふれ、音楽的には行進曲。フランス人は繊細のようで、結構いいかげん。スペイン人は何をするにもマンニャナー(明日)などと、私たちなりに違いを比べたりしたものです。しかし、私たちが行き会った人たちは、みんなとても親日家でした。

●未来の夫とのキューピッド

私の夫とのすべての始まりは、スペインのバルセロナのキャンプ場で、私たちがデンマークからのキャンパー、エーリンとバルダー夫妻の横にテントを張ったことによります。

私たちは、バルセロナに少なくとも二週間滞在しなくては博物館、美術館を「制覇」できないと考え、久しぶりにキャンプ場でテントを張ることにしました。私たちのテントは高さ一メートルで、三人が横になるといっぱいという小さなテントです。お隣のテントは、私たちのテントの一〇倍もの大きさの立派なテントでした。このテントの住人は、毎年夏休みをすごしに、車でデンマークからバルセロナのキャンプ場にくるのだそうです。

エーリンは、英語が苦手。夫のバルダーは少ない英語のボキャブラリーと両手を駆使しての愛嬌ある会話で、キャンプ場の人気者です。顔なじみのキャンパーも多くいて「バルダー、元気かい」と誰からも声をかけられていました。この夫婦は後日、私と夫を出会わせたキューピッドになりますが、実は夫の妹ドーテの離婚した夫クラウスの両親で、現在では、母親のエーリン（九〇歳）だけが健在です。エーリンは、私達がテントを張った直後から、毎朝まだテント内で寝足りない私たちに「グッドモーニング」と声をかけ、バターを塗ったパンと入れたてのコーヒーをトレーにのせて、テントの入口においていきました。小さなテントで旅をしている私たちへの親切心からの朝食セットでしたが、優しい親心のように感じていました。「デンマークに来たら、必ず寄るように」

左側の大きなテントがアントセン夫妻のもの。
木の後ろに私たちが寝泊まりした小さなテント

と言われ、再会を約束して、私たちの旅はそれからスイス、イタリアへと続きました。日本を出発して一年、その間多くの出会いがあり、歴史で習ったことがある寺院、博物館、美術館も堪能し、そろそろ帰国を考えていた矢先、フランスはマルセイユ港からの船での帰国が難しい状況にあることを知りました。

日本出発前に、旅行社から、フランスのマルセイユ港から出る貨物船が安く乗客を乗せると聞き、すっかりその気になっていましたが、貨物船に客を乗り込ませることが禁止になったのか、貨物船の航路が変更になったのか。理由は定かではありませんが、結果的に断念し、来た道、シベリアルートで帰国することに予定を変更し、再びヨーロッパ大陸を北上することになります。

九月上旬、秋が忍び寄っていたデンマークに再び入国しました。このデンマークで四カ月におよぶヒッチハイクの旅は終止符を打つことになります。運命の糸は、誰があやつっているのでしょうか。旅の途でも恋愛などは無関係、ましてや「結婚」など遠い遠い未来と思っていた私が、二年後にはこのデンマークで結婚生活をスタートさせることになります。

三　両親の思い

●両親のせつない気持ち

私の母は、親戚や知人から「よく娘を海外に出しましたね」と言われたそうです。私は私で「よく、両親が許した」と言われました。頼る人もなく、外国といったら映画やテレビだけの世界だったところへ一九歳の娘が飛び出したのですから、無理もありません。当時の私の家族は、経済的に苦しい状況にあり、両親は長女の私が長期間家を離れることに、心細さを感じていたかもしれません。しかし、私が初めてのパスポートを手にして、計画を打ち明けた時、大賛成とはいえませんが、反対とも言わず、私の計画を承認してくれました。若かった私は、その時の両親の心情を探る術もなく、わが道を行くために大いなるわがままを実行してしまったことは、やはり運命の糸にたぐられていたのでしょうか。

私の家族は、いつも団欒《だんらん》のある暖かい家族でした。父は大の子煩悩《ぼんのう》。長女の私はいつも父のひざに座り、歩くときは父の手にぶら下がって歩くのが大好きでした。「また外出するの。近所に恥ずかしい」と母が言うほど、休みの日は、必ずといってよいほど川遊び、海水浴、潮干狩りなどに家族揃って外出していました。両親の子どもに対する姿勢は、どちらかというと管理型ではなく、いい意味で放任主義でした。私たちきょうだいが成長の過程で「やってみたいこと」を見つけてくると、いつもそれをまっすぐ受け止めてくれていました。子どもたちがもちこむ習い事にも、「何とか行かせてあげたい」と思ったのでしょう。母の手は、いつも内職仕事に追われていました。ただひとつだけ母が思うようにならなかったことは、後日、母の心のしこりとなる、私の大学教育の断念でした。

私がヨーロッパの旅に出発する二年前、当時の自動車貿易自由化政策で大手自動車工場が打撃をうけ、その余波をうけて父が経営していた小さな自動車部品製造の町工場が倒産しました。両親は不動産を売却し、借金の返済に追われる苦渋の生活にあり、本来なら私は働き手となって、家族の財政を援助する立場にありました。それにもかかわらず、私は高校を卒業したのち、造船会社でタイピスト兼庶務事務員として一年間働き、ほとんどの給料を旅費として貯金に励んでいました。両親、特に母は、私が目を輝かせながら一人準備をすすめている姿に、一言の反論もせず、振袖の着物を用意して彼女なりのバックアップをしてくれました。母が用意してくれたこの振袖は、どんな高価な着物にも勝る愛情あふれるものでした。

●大学教育断念のとき

これまでの人生を振り返ってみると、フィンランドで過ごした青春時代の経験が私のその後の人生の基盤となり、今感じている達成感につながっています。しかし、それを支えた精神的な力の源は、「大学教育を受けていない」ことから発しているのだと思います。私は、中学・高等学校を私立女子校で学び、数少ない大学進学希望者の一人として語学系の大学に進学することを夢見ていました。

後日、母から聞いたのですが、すでに小学校の卒業アルバムに「英語を勉強して通訳になり外国に行きたい」と書いていたそうで、私の海外への道は、すでにその頃から敷かれていたことになります。そういわれれば、クリスチャンでもないのに、教会で英会話教室があると聞けば率先して参加し、英字新聞で文通をする友を得て、数人の人と文通を交わしていました。色どり枠のエアメールに外国の切手が貼られた封筒を受け取った日は、ワクワクした気持ちでしたが、返事を書くにも実践英語に乏しく、辞書を引き、文例を組み替えての文章作りに苦労したのはいうまでもありません。

そんな私を遠巻きに見ていた母は、私の大学進学のためにこつこつと貯金をしてくれていたようです。しかし、折もおり、父のビジネス破産のさなか、母はこの貯金を父に提供せざるをえない状況となり、私は大学進学をとりやめました。それ以来、経済的な理由で娘の希望を達成させてやることができなかったことが、母の心の中に小さな「しこり」となって、長い間うずいていたようです。

●負と思うな

母の思いとは裏腹に、私は「大学に進学できないのなら海外に行って、言葉を実践で覚えよう」と、大学に進学しないことを「負」と思わず、他の方法で学べるはずだと進路転換に踏み切りました。それを動機づけたのは、アメリカに私費留学して帰国した大学生が、彼の経験談を私の高校でタイミングよく講演したことによります。講演を聴いて、私の頭の中にわきあがってきたのは、自分の知識にない異文化に接する興味でした。もちろん、私費留学という方法は、私にとって経済的に論外で、まったく視野にありませんでしたから、私費留学以外でどんな方法があるのか、大学進学に代わる自分の道を模索していました。

私が就職組に方向転換した時期には、すでに就職組で就職活動をしていたクラスメートは、ほとんど就職先が内定していました。進学もしない、でも就職口もない、その上、家庭の財政も困難、通常、このような状況にあれば「失意のどん底」という言葉が似合うのですが、私は元来の楽天家なのでしょうか。別にこれといった悲壮感もなく、「どこか見つかる」と、結構のんきに構えていたようです。

進路転換して海外に学ぶことを決めた以上、やはり「軍資金」を調達しなくてはなりません。学校に就職口を頼ることができないからには、自分で探す以外に方法はありません。私は、季節はずれの人材募集をしている会社があることを願って、職業安定所（ハローワーク）に出向きました。

聞くところによると、何回も、何日も足しげく通わないと、そう簡単に仕事は見つからないとか。ところが、私はラッキーでした。一回目の職業安定所訪問で、大阪に本社がある造船会社の女性社員募集を紹介され、入社試験を受ける手続きに漕ぎつけることができたのです。

●入社は出発の準備

私は幸いにも造船会社の東京支社に採用されました。それから一年間、ヨーロッパに旅立つまで勤務することになりますが、私にとって、社会人として、また大きな組織で働く経験は、後にも先にもここが唯一の場所となります。東京支社は総勢一〇〇名あまり、ほとんど男性社員で、女性は一二人ほど。女性が少数だったことが幸いしたのでしょうか、比較的恵まれた待遇を受けていました。

支社の主な仕事は、海外営業部門で、後日私が住むことになるデンマークの船舶会社と通商があり、毎日テレックスやタイプ文書が忙しそうに行き交っていました。あちこちのデスクの電話口では、英語での活発な会話が聞こえ、男性陣の活躍が眩しく見えたものです。しかし、私の興味はまったく違う場所にありました。ほとんどの給料を出発に向けて貯めこみ、「どんな服装をして毎日出勤していたのだろう」と、今でも思い出せないほど衣服も新調せず、節約につきる一年間でした。女子社員どうしの仲も和気あいあいでしたが、帰宅方向が一緒だったことからか、価値観が似てい

1966年7月、三鷹駅で見送る母と
初めてのヨーロッパへ出発

たのか、特に一年先輩だったM・Hさんと話す機会が多くなり、彼女の大いなる賛同を受けて二人で海外へ旅立つことになりました。

●母の長年のしこり

母は、私が大学進学を果たせなかったことに、折にふれ心を痛めていたようです。ある日、私が日本に帰国して実家に滞在している際、訪ねてきた友人と母を交えて雑談していた時でした。友人が、彼女の大学時代の話を始めたとき、母は、目に涙をうっすらとためて、私を大学に行かせることができなかった、とつらかった胸の内を明かしました。そして、さらに「ヨーロッパに行くと言われたとき、止めることはとてもできなかった。これ以上、夏代の進路をふさぐことはできないと思った」と。見知らぬ海外に娘が出発する不安をもち、心の中で葛藤があったのです。あの遠い昔の私の一編の過程が、こんなにも長い間、母の心のしこりになっていたことを初めて知りました。

この後、私はデンマークに帰国し、母に次のような手紙で私の思いを知らせています。

「さて、今日は、私がかねてから考えていたことをお伝えします。

お母さんの心の中では、私が大学に進学しなかったことが、大きな傷になっていて、教育の話が出る度に、心を痛めているようです。でも私は、確かにあの時点では、そういう希望だったかもしれないけれど、果たして大学に入学してどうだったのかしら、と思っています。私の人生のチャンスは大学以外の他の方向からやってきて、反対に大学に行かなかった、ということが私の大きな踏み台となり、心のどこかにいつも『大学の四年間より学んだ』という強い自負を持っています。そして、それが私の生活の踏ん張りになっていたと思います。私自身は、勝気な性質ではないと思っていますが、初めて向かう仕事でも『やってみよう』と挑戦してこられたのは、良い意味で私の中に負けん気なところがあるのかもしれません。

私は、自分の歩んできた人生をすごく誇りに思っているし、今の境遇を幸せと思っています。これは結局、すべて両親が（当時）ヨーロッパ行きを認めてくれたお陰と、つくづく感謝しています。

だから、お母さんも今後は『夏代を大学じゃなくて、ヨーロッパに出してよかった』と思ってください。

一九九九年八月　夏代より」

四　迷いと決断の頃

●人生を変える出会い

私は、帰国する予定でコペンハーゲンにいました。コペンハーゲンから電車とフェリーを乗り継いでヘルシンキまで行けば、あとはまっすぐモスクワです。コペンハーゲンは、ほんの通過都市のつもりでしたが、コペンハーゲンを出た暁には一路帰国の旅になり、もう二度と海外に来ることはないだろうという思惑も手伝って、「もう少し、もう少しヨーロッパにいたい」と二週間ほど予定を延長し、再びユースホステル住まいとなりました。

コペンハーゲンといえば、スペインのバルセロナで知り合ったデンマーク人夫妻が住んでいる街です。私は、スペインでのお礼と、帰国の途にあることを伝えるために電話をしてみました。夫妻は大変喜んでくれ、「ちょうど客を夕食に招待しているから、ぜひ来るように」と、誘われました。そこで私の未来の伴侶となるビョワァーとの出会いがあり、二週間の滞在予定は一二月まで続くことになります。そして、結婚に無縁だった私があろうことか、突如、自分の将来のかたちを深刻に考えなければならない事態を迎えることになりました。

エーリンとバルダー夫妻は、「ユースホステルなんかに泊まる必要はない、ぜひうちに泊まるように」とすすめてくれ、その日のうちに私の荷物を車でユースホステルに取りにいく歓待ぶりです。それにしても、「私はどこで寝るのだろう」と心配するほど夫妻のアパートは旧式で、五〇平米と、デンマークの標準ではとても狭いアパートです。室内は寝室兼食堂と居間の二間とキッチンとトイレで、質素な生活のようです。それでも小さな居間に、スペインで集めたのか、骨董品の品々が所狭しと置いてあり、夫妻の生活の優先順序を垣間見ることができました。「トイレはあるけれど風呂場がない」と不思議に思っていたところ、水道の脇にシャワーの蛇口をみつけ、それでトイレがシャワー室を兼ねていることがわかりました。

夫妻の一人息子クラウスは、ビョワァーの妹ドーテと結婚して他に住んでいます。夫妻は、息子が独立した寂しさからか、元来の世話好きなのか、私が居候していることをことのほか喜び、会う人ごとに「うちの新しい娘だ」と紹介していたようです。夫妻の歓迎ぶりとは裏腹に、私とビョワァーは彼の友人を訪問したり、博物館、美術館などと頻繁に外出するようになりました。そのような状況の中、ビョワァーを「いい青年だ」と、くりかえし私に宣伝していた夫妻も、彼からの電話の取次ぎがそっけなくなり、外出を知らせると黙ってしまうような日々を迎えるようになりました。ひょっとするとエーリンとバルダーは、私が手元にいなくなる寂しさを感じていたのかもしれません。

「僕のアパートには、バスタブがある。お風呂に入りにこないか」。ビョワァーが引っ越したばかりのアパートに私を初めて誘ったときの言葉です。彼は国立工科大学の卒業を目前にしていましたが、長年申し込んであったアパートに空きが出て、二七歳にして初めて親元から独立して、アパートに引っ越した直後でした。そのアパートは1DKですが、リビングは広く、その前にバラが植わっている小さな庭まであります。日本の大都市でさえまだトイレが水洗化していない時代に、この国はどこもかしこも当然のように水洗トイレであり、どこの蛇口をひねってもお湯が出ます。室内は、パネルヒーターで暖房も確保されています。キッチンの棚の中には、整然とコーヒーカップや食器が並べられていて、私の知っている生活文化からすると、はるかに未来的で文化的です。「私もこんな生活ができたらいいな」と、まるで外国映画の世界のようで素直にうらやましく感じました。

ビョワァーは、そのときやっと親元から独立できたようです。というのは学費こそ無料ですが国からの学生援助金はなく、工科大生がアルバイトをするにはあまりにも就学に時間がとられ、生活を親に委ねるしかなかったそうです。アパートにはキッチンより広いバスルームがあり、実家にもなかった大きなバスタブがあってけっこう自慢だったようです。バスタブの魅力に惑わされたのか、以後、私の居候場所はビョワァーのアパートとなります。でもこれって、日本式に考えてみると「同棲」なのです。

私は「独身男性と住んでいる」なんて、日本の両親に知らせることはとてもできませんでした。「秘密にしておく」というより、彼自身を誤解されたくないという、かばう気持ちがあったのかも知れません。

当時の日本では、結婚前に男女が一緒に生活するなどということは、ふしだらの域で、私の心中は常に「何か間違っていることをしているのでは」と、自問自答の毎日でした。ところが、私が独身男性のアパートに同居していることを日本の両親に伝えそびれている中、ビョワァーの両親は私を歓迎してくれるようにソファーベッド、羽毛布団、枕などを含め生活必需品を毎日せっせと運んできます。妹のドーテも「兄は、とても暮らしやすい人よ」と当然のように私を焚きつけます。私は、頭の中では日本の常識の上にたって物事を判断していたのですから、それを調整する、というより意識改革を迫られた、数度目のカルチャーショックでした。それでも私がベッドを借り、彼は玄関口の廊下で寝る、という日が続きました。

デンマークでは、恋愛関係にある男女がどちらかのアパートに移り、共同生活を始めるのは、ごくあたりまえのことで、逆に共同生活を経験しないでの結婚はありえません。お互いに生活してみて初めて発見できる性格、行動もあり、お互いを熟知したのちに結婚、あるいは別離というかたちをとるということは、ある意味で合理的です。彼の家族は、全員で私を優しく受け入れてくれました。私自身が暖かく迎え入れられた体験は、私も彼の家族を受け入れることにつながり、やがて私自身が姑となり、お嫁さんを暖かく迎えることにつながっていきます。このように、ものごとを「プラス思考」で考えると、プラスの輪で回転していき、それは誰にとってもいい結果となる、ということを身をもって経験しました。

●決断を前に日本に帰ろう

私は、それでも自分の人生のあり方を暗中模索する日々を送っていました。「旅の途上にあってロマンチストになっているのではないか」「結婚が目的で海外に出たのではない」「やっと英語で会話ができるようになったのに、今度はデンマーク語、そんな力量があるのか」といった解決しなくてはならない問題が山積していました。そして、「海外にいて悩むより、私を日本の土に置いてこそ、本当の自分の判断ができるのでは」と、いったん帰国することを決意しました。ビョワァーは修士論文を提出したら日本に行くことを約束し、私はクリスマスムードにあふれている一二月に、ビョワァーの母がプレゼントしてくれた緑色のダッフルコートを着て、コペンハーゲンからストックホルム行きの電車に乗り、北欧の冬をくぐりぬけて帰国の途につきました。

一年半ぶりに帰国した私を、両親、妹弟は大喜びで迎えてくれました。家族のもとにたどり着いたのは、真っ暗だった夜、運良く家族全員が揃っていました。父は、感極まって私に飛びついてきました。何しろ、まだデンマークにいると思っていた娘が、突如、引っ越し先にたどり着いたのですから。私の家族は、私が横浜港から出発した後、引っ越していて、住所はあれど場所がわからず、駅前の交番で道順を教えてもらっての帰宅でした。小さな家に変わっていましたが、一家団欒《だんらん》は私の知っている家族のものです。母は、主婦生活に終止符を打って仕事をもっていました。妹も出版社の事務員一年生、弟は少年から青年に変わり、背丈がぐ〜んと伸びています。声変わりもして、私の覚えている小さな弟とは別人のようです。彼は毎日ラジオ放送で英語の勉強に励んでいるといいます。

私は「話さなければいけないこと」を、いつ話そうかとチャンスをうかがっていました。旅の途上では、頻繁に行動状況を伝えてありますから、要はデンマークでの生活の真意を伝えなくてはなりません。私は少しの勇気をもって、ビョワァーとのこと、彼が初夏にうちの家族に会いにくることを、皆の反応を確かめるように話しました。その間、両親や妹弟の微笑みが感じられ、反対ではない感触がありました。そして父は、「楽しみだね。京都も案内したらいい。富士山にドライブにも行こう」と、大いに歓迎することを伝えてくれました。

私は自分を見直そうとの思いで、日本に帰ってきました。そして、デンマークに住んだ場合の自分を考えていました。私の最大の壁は「言葉」で、事実私はデンマーク語の響きがあまり好きではありませんでしたが、「よし、否定するまえに挑戦してみよう」と、デンマーク語を教えてくれるところを探すことから始めました。苦心の末、数少ない日本在住のデンマーク人を探しあて、東京を縦断して、週に一度デンマーク語を習うことにしました。私がデンマーク語という未知の言葉を受け入れることができるか、はたしてデンマーク語を習得することができるか、という問題は、私にとってデンマークに住むことの可能性を握る重大な鍵です。運転免許も日本の教習所で日本語で取るほうが有利という判断から、アルバイトをしつつ運転免許を取りました。

日本に暑い夏がやってきた七月、コペンハーゲンからシベリア経由でビョワァーの乗ったバイカル号が横浜港に到着しました。さあ、「外国人」を家に迎えるなんて初めてのことです。家族は、楽しみと少しの緊張感をもちながらも、彼を歓迎しました。特にエンジニアの父は、同じ分野の青年ということで親近感を抱いたのでしょうか、父の知っている限りの英語の単語を並べて話し相手になったり、市場に初めて売り出された電子計算機を買ってきてプレゼントしたりして、いい親父ぶりをアピールしていました。

大海に飛び出した大胆さとは裏腹に、私は「結婚」ということには、かなり慎重でした。「結婚は、人生の中で大切な決断のひとつであり、神聖に考えなくてはならない」というのが、私が抱いていたこだわりでした。日本国内でさえ、東地域生まれの人と西地域生まれの人が結婚するには、食文化や方言の違いもあって大変だと聞いたことがあります。まして私の場合、向かおうとしているのは、西は西でもヨーロッパです。私が親しんできた日本とは、言葉、料理の違いもさることながら、人々の考え方や生き方にも計り知れない相違があるのです。

悩みながらも、「それに挑戦するのも楽しいことではないか」と思い始めていたころ、父が「彼は誠実な青年だ」と、後押ししてくれました。両親は、この時も精神的支援こそしてくれたものの、「反対」の旗を振ることはいっさいありませんでした。そして私の心の中にも、ビョワァーの、デンマーク人・日本人を超越した寛容さに惹かれている自分があり、心の天秤にかけてみると、何よりも「私を大事に思っていてくれる人がいるならば、どこに住んでも、そこが私の居場所になるはずだ」という結論にいたり、「国を越えて嫁ぐ」決心をしました。

その冬の一二月一八日、デンマークのクリスマスに間に合うように、再び横浜港を出発しました。私の荷物は、小さなスーツケースひとつ、別送品なしという、まさに身ひとつの「嫁入り」でしたが、結婚という大事な人生の節目に向かって、そして女、妻、母という将来の設計図をしっかり心に抱いての旅立ちでした。

●結婚生活スタート

一九六九年三月、小さな教会でささやかな出席者のもと、私たちは結婚式をあげました。夫ビョワァー二九歳、私が二二歳。私はビョワァーの母がこの日のために縫ってくれたウェディングドレスに身を包み、ビョワァーは貸衣装の燕尾服で、一世一代の晴れ姿に恥ずかしさと嬉しさでニヤニヤしています。手にもつブーケは自分で作り、髪の毛も自分でセットしました。ウェディングドレスに合わせる白の靴は、もっていた赤い靴を白に塗り替えて使いました。質素・倹約のシンボルのような結婚式でしたが、妹夫婦が開いてくれた結婚祝いのパーティーの暖かい雰囲気も加わって、私たちは大満足であり、世界一の幸福感を味わっていました。こうして私たちの結婚生活が、春の芽吹きと同時にスタートしました。

ビョワァーとの生活が始まって、折にふれ彼が私に、自分と同じ「人生のラインに立つ」ことを望んでいる、ということに気がつき始めました。

私がもっていた妻の美学は「妻は夫に従う」ことで、自分の意見は胸に秘め、「夫を立てる純朴な妻像」を想像していました。しかし、彼は人に会うにも、どこかに行くにも、必ず私の意見を求めます。例えば、週末に両親や友人を訪問するとか、または誰かをわが家に招待するというささやかなことでも、二人の合意のもとに進められます。

ある時、「あなたが物理を好きならば、一緒に問題を解くことができて良かったのに」と言われました。私は、それまで「女性は男性よりちょっと控えめでいい」と思い続けていました。私の旅も、ヨーロッパ圏内で終わることなく、可能性としては、英国経由でアメリカまで足を伸ばすこともできたでしょう。でも世界一周の旅をしてしまったら「お嫁の貰い手がいなくなる」と、真剣に考えて中止したほどです。私にもちょっぴり男女同権という意味がわかり始めました。

私が外国人の男性と結婚したということで、日本の友人からの手紙には、「外国の男性はレディーファーストだし、優しくエスコートしてくれていいわね」などと言ってきます。そう言われれば、私も外国映画などで男性が女性の肩を優しく抱き、エスコートして道路を渡るシーンを見たことがあります。そんな場面を自分で経験してみると、ビョワァーはエスコートするどころか、自分でさっさと道路を渡ってしまいます。私は大いに不満で、「私を守ってくれないのか」というような抗議をしました。ところが彼の言い分は、「自分の渡る場所は、自分で確認して渡ることが一番安全。二人で渡っていたら二人とも事故にあってしまうかもしれない」というものでした。一人ひとりが自立しているって、こういうことなのでしょうか。

このようにして私のデンマークでの生活が始まり、夫から、また人々と触れ合いの過程で、少しずつ疑問と発見に出会うようになりました。地球の反対側の未知の国から来た私を暖かく見守ってくれる周囲の人々の寛大さ、女性が男性と同じように心身ともに自立していて、その人なりに自信をもっている姿などはどうしてなのか、どのように育まれているのか、私ははたして彼らのように自分を表現することができるのだろうか、と私の将来に向けて学ばなくてはならない多くの課題があることに気づき始めていました。

●祖母アグネスから学んだこと

結婚当初、私のやることは、コペンハーゲン大学内にある生涯教育センターでデンマーク語を学ぶことでした。私の英語もやっとどうにか自分の伝えたいことを話せるようになり、同時に義母やデンマーク人の友人たちも、私との会話を英語でするのを楽しんでいるようすでもありましたが、その英語での会話も短時間ならいいものの、次第にどうしてもデンマーク語が飛び交うようになります。ビョワァーは、私よりよっぽど英語は得意でしたが、家庭生活に必要な単語になると、「ずばり」の単語が見つからず、「こういうかたち」などと、あいまいな説明でやっと品物がわかるありさまです。第一、大好きなビョワァーの祖母とはデンマーク語でなくては会話ができません。

ビョワァーの祖母アグネスは、一八九一年生まれ。五〇歳代で夫に先立たれ、以来一人でアパート生活をしています。

アグネスは童話に出てくる優しいおばあさんというタイプで、いつもニコニコ微笑みを絶やさず、ふっくらとした体格がさらに優しい印象を増していました。周囲を見渡せば、家の外に出て働いていないのは、私とアグネスだけです。アグネスは、私が寂しくしているのではないかと、何かと私を案じて、言葉のバリアも気にせず遊びにくるようにと、たびたび呼びかけてくれました。でもアグネスは英語ができません。私はアグネスと話がしたいので、訪問する際には、デンマーク語の単語を調べて、少しでも会話ができるように準備しました。アグネスは元気で何でも一人でこなし、たびたび家族を夕食に招待してくれますが、「これからますます歳をとって、身体が不自由になったらどうするのだろう」と、私は、ごくあたりまえの心配をしていました。それでも、ビョワァーの母や母の兄弟たちが祖母と同居するきざしはまったくありません。

ある日、私は祖母を安心させるつもりで、「あなたが一人で住めなくなったら、私たちと一緒に同居しましょう」と持ちかけました。この提案を喜ぶかと思っていたら、予想に反して「ありがとう。でもね、あなたたちにはあなたたちの生活があり、友達がいる。私には私の生活があり、私の友達がいるから、一緒に住むということはお互いにいいことではない」と、教えてくれました。後日、私もデンマーク生活の日を重ねて、祖母がいう「個人の自立した生活」がいかに大切なものであるかが、十分理解できました。

一二月が再びめぐってきて、クリスマスシーズンに入り、アグネスも忙しそうです。大きな箱から次々にサンタなどの人形を取り出し、コーナーテーブルに飾っています。

小さな子どももいないし、「八〇歳に近い大人がなんでこんなにクリスマス気分になるのだろう」と私は不思議に思い、アグネスに「大人なのになぜ、クリスマスなのか」というような問いかけをしました。それに対しアグネスはニコニコして「いつでも童心をもっていないとだめですよ。伝統をつなげるためにも必要なことでしょう」と、クリスマスの到来を子どもと同じように心待ちしているようでした。

この年から私は、毎年アグネスが家族のために焼くクリスマスクッキーを手伝うようになりました。アグネスが前の晩からクッキーの生地と昼食を用意してくれます。焼くクッキーは三種類。各一キロの粉を使い、キッチンのテーブルに三種類の大きなクッキー生地のボールが布巾に包まれて型取りを待っています。かたちを作り、次々に焼いていきますが、できあがったクッキーのつまみ食いをするのが醍醐味でした。山のようにできあがったクッキーを、冷めたところで、義母、妹夫婦、私たち、そして一番小さな袋は祖母アグネス用と、四軒分に分けて袋詰めします。この祖母のクッキーづくりは、これから何十年と私が引き継いでいくことになります。

五　私たちの子育て

●母になって

「女性は、子の母になることで強くなる」と聞いたことがありますが、まさしくその通りです。私は、初めての妊娠を知って「もう、一人ではない」という実感を強く味わいました。結婚後、夫も夫の家族も、常に優しく私を気づかってくれましたが、仕事もなく自分の過去の匂いのない生活を寂しく感じる日もあって、自分で選んだ人生にもかかわらず「何で私は一人でこんな遠い所にいるのだろう」と、理屈に合わない感情にひたり涙を流した日も少なくありません。ところが、妊娠を告げられた時から「味方ができた！」と、妙な思いが私を力づけ、胎児が成長し鼓動が感じられる頃になると、「生きる意味」が明白になり、喜びが寂しさを打ち消していきました。

私は、一九七〇年に長男、一九七三年に次男、そして一九七八年に長女を出産し、三人の子どもの母となりました。私のデンマークの社会制度に関する知識はまだ浅く、子をもつ母の責任として、「自分の子は自分で育てたい」と、保育施設は最小限の利用にとどめていました。しかし、デンマーク社会は、私が子育て真っただ中にあった一九七〇年から一九八〇年の一〇年間で少しずつ変化していることに気がつきました。子どもたちの育つ場所が家庭から保育施設に移行され、仕事をもつ女性も増加し、同時にあちこちで保育施設が新築されています。長男の幼児期には、仕事をもっている女性でも、子どもがいる場合は半日勤務が多く、それをカバーする意図で半日保育園が存在し、私の子どもたちも社会性を身につけるため利用していました。しかし、女性が半日勤務では、納税後のメリットがないということと、社会が女性のフルタイム勤務を求めたことで、半日保育を利用する家庭が減少し、一日保育施設に移行していきました。学童保育の利用を見ても、長男や次男が低学年の頃は、学童保育を利用する児童数は少なく、そのかわり午後には、道路や広場で遊ぶ子どもの姿がありました。しかし、長女の頃は、ほとんどの児童が学童保育を利用していました。

同じ時期、私の周囲の友人たちも仕事を得て、一人また一人と社会に出ていきます。私は、子どもたちの成長後の自分を想像していました。「私は何をすればいいのだろう」と不安をもち、「今、将来を考えなくてはいけない」という焦りを感じていました。デンマーク社会に就職するということは、デンマーク語の読み書きを要求されるのは当然ですが、資格を取るために教育を受ける必要があります。そして万が一、私の就職が決まったら、三人の子どもたちは、夕方まで両親に会うことができません。それよりも何よりも問題は日本語です。子どもの日本語は、誰が教えるのでしょうか。

●ママは、子どもたちの通訳

私は、子どもたちを日本語で育てたいという強い希望をもっていました。それは、生半可な親の姿勢では決して楽ではないことも承知していました。そのため、私は夫と相談し、当分「主婦」として家庭にとどまることを選びました。幸い夫の給料だけで、贅沢しなければ何とか暮らしていけることも好条件でした。私は、子どもたちが生まれたその日から日本語であやし、日本語で本を読み、日本の童謡を歌い育ててきました。おかげで子どもたちは、母語に近いくらい日本語を話すようになり、私との会話は、すべて日本語です。人は「日本のおばあちゃんやおじいちゃんとお話ができていいですね」と言いますが、それもごもっとも。しかし、「言葉を覚える」ということより重要なことは、育児をする者が「自分の言葉」でしっかり子どもと向き合うことが、子どもの健全な成長に不可欠である、と思ったからです。私のデンマーク語は、結婚二年目くらいから、何とか会話には不自由しないレベルまで到達していましたが、それはまだ入り口であり、発展途上にいることを認識していました。子どもたちがまだ言葉ができないからといって、母親も同じように「アーアー」と言っているわけにはいきません。言葉がないからこそ、母親が話をしない限り、子どもは、どうやって言葉を覚えることができるのでしょうか。さらに、子どもたちが自分の意志で行動することができる時期に「やっていいこと、ダメなこと」をきちんと伝えなくてはなりません。大人は、「ダメ」の一言で子どもが二度と間違ったことをしない、と期待します。しかし、なぜダメなのか、十分に子どもに伝わっていなければ、同じことをくりかえすのも無理はありません。子どもたちの心が白紙であるからこそ、大人は子どもにていねいに接する必要があるのではないでしょうか。これは、私のフィンランド生活で心にとまったことが大いに参考になり、私の中途半端なデンマーク語で子どもたちにものごとを伝えることはとても危険だと思いました。

幸いなことに、夫も私が子どもたちに日本語で接することに大賛成してくれました。それは、日本語教育というより、むしろ私の「自然体」で子どもに接する、ということにつきます。その効果があって、子どもたちが最初に覚えた言葉は日本語であり、三人とも三歳で保育園に入る前まで、日本語での会話が優先していました。父親は父親で、子どもたちにはデンマーク語で接していましたが、毎日の父親との会話はそうスムーズにいかず、デンマーク語が出てこないと私が通訳するありさまでした。そんな子どもたちの状態に私たち夫婦は、何の不安ももっていません。けっこう、楽観的に「保育園に入って他の子どもたちと遊ぶようになったらすぐ覚えるだろう」と構えていました。私は、言葉に関して一貫して頑固に日本語だけの会話に徹していました。食卓で、子どもたちがデンマーク語で父親に学校での出来事を報告しているときも、私が相槌を打てば、「モア（お母さん）は、デンマーク語がわかる」として、すぐにデンマーク語が家族の共通語になってしまうでしょう。私は、理解していないふりをして、デンマーク語での会話が途切れる頃を見計らって「何なの」と聞くと、今度は、日本語で同じことを説明してくれます。わが家は、このようにしていつも二つの言語が飛び交っていました。愛犬までが二カ国語を理解し「お散歩に行きますよ」というと玄関でしっぽを振って待っていました。しかし、子どもを二カ国語で育てることは、自然に身につくというほど簡単なことではなく、父親の絶大なる協力もさることながら、周囲の理解と私自身の忍耐も不可欠だったのです。

●お母さんの言葉、お父さんの言葉

私が子どもたちと日本語で話をしている間、夫はある意味でアウトサイダーです。親戚、友人そして保育園や子どもの友達が近くにいても、私は日本語に徹していました。保育園入園は、子どもにとって、家庭を離れて過ごす初めての社会生活の場でもあります。他の園児が自分たちの言葉と違う言葉を話すことに不思議さを感じるのは当然のことです。しかし、この不思議さは、最初から堂々と貫くことで、その不思議な言葉は空気に溶け込んでいきました。子どもは、一般的に「なに」とか、「なぜ」と問うことで、言葉のボキャブラリーを増やしていく、と言われています。わが家で日本語を話せるのは私だけですから、手を抜くわけにはいきません。デンマーク語の単語を日本語に訳して理解させることは簡単ですが、それより物を見せたり、場所に連れて行ったりして、私の言葉として伝えていきました。私風の解釈によれば、幼い子どもには、デンマーク語とか日本語とかの、言語の違いがあるということは未知です。それより、「お母さんの言葉」「お父さんの言葉」として理解し、「お母さんの言葉」と「お父さんの言葉」で返事が返ってくるのではないか、と思っています。日本語は、女言葉もあれば男言葉もあり、男の子と女の子をもつ母親としては童話を読む時にも「ぼく」や「わたし」を置き換えたり、工夫が必要です。それでもわが家の場合、子どもが日本語の発達において恵まれていたのは、夫の職業上、年に二回春と秋に日本に帰国することが可能だったことです。一回一カ月から一カ月半の滞在をして、私の友人の子どもたちと遊んだり、日本語の世界にどっぷりと漬かることで、子どもたちの日本語は、ハイスピードで発達していきました。同時にわが家に日本から訪問してくれる人も多く、子どもたちも私たちとともに楽しそうに接待し、訪問を歓迎していました。このような機会が多くあることで日本語を覚え、また忘れないというプロセスにつながっています。

日本には、二人の息子が国民学校（公立小中学校）に入学しても、必ず一年に一度は訪問していました。彼らが低学年の頃は、日本の季節の良い時を選び、一カ月学校を休んで行くこともありました。学校でこんな長期の休みを許可してくれるのか、少々の不安を抱きつつ連絡帳に、「三月一五日から四月一五日まで日本の家族に会うために旅行をするのでお休みいたします」と書いて子どもたちに持た

左から、長男アキ７歳、長女ナナミ６カ月、次男タロー４歳

せると、連絡文の下に「ＯＫ、楽しい旅行を！」と、校長先生の簡単なメッセージが記されていました。私は学校の寛容さに感激し、後日、保護者会の際に担任の先生にその旨を話したところ、一カ月あまり学校を休む場合は、一応連絡帳が校長の所まで届けられるが、学校以外での経験は社会勉強でもあり、学校が生徒を束縛する理由は何もない、ということでした。ここでもデンマーク教育のゆとりを感じましたが、確かに子どもたちは、他の環境に触れさせることで、大きく前進するようです。わが家の子どもたちもファー（お父さん）が外国に出張するたびに同行し異文化に触れてきましたが、帰国するたびにちょっと大きくなった、と感じることがありました。

しかし、保護者として帰国後、子どもたちをスムーズに学校にもどしてあげる責任もあります。ただ、一カ月間遊んで楽しみだけを得ることはできません。スーツケースの中には、算数と国語の教材を入れ、滞在先で遅れだけはとらない、という程度の勉強をしていました。

日本の私の友人たちも、私の子どもと同年輩の子どもをもっていましたが、私が子どもたちを連れて友人宅を訪問しても、会えるのはお母さんだけ。友人の子どもの下校時間は遅く、その後に塾に行き、また勉強してくるとのことで、子どもでも忙しそうです。このため、友人は、「お弁当を、お昼と夜の分を作ってもたせるから、朝は大変よ」と、朝、早起きして子どものお弁当を作る良い母親ぶりをアピールしています。友人の夫の帰宅は、早くて午後九時くらいだと聞き、「子どもと両親との会話は、どこにあるのかしら」と、不思議さを通り越して、低学年から勉強だけに追われている彼らは将来どういう若者に成長するのか、と不安さえ感じていました。数学の難題な式を解くこと、高尚な英語の単語を暗記することなどに、多くの時間とエネルギーを費やしているように見うけられます。彼らは、いつどこで人々と交流し、会話を学び、自己を育むことができるのでしょうか。反対に一万キロ西にある、デンマークの子どもたちは、低学年で遅くても午後の一時、高学年でも午後の二時には下校し、その後はサッカーや遊びに使い、「塾」などの存在すら知りません。それでも中学生の年齢になると、自分の将来の進む道を自分で考え、決断する力を養っています。

国が違えば諸事情が異なるのは理解していても、私は同じ年頃の子どもをもつ母親として、日本の友人の子どもたちが、「子ども期に子どもとして生活していない」ようで気の毒に思ったのですが、それは私の感傷でしょうか。

●お父さんは、いい先輩

長男が四歳になった一九七四年、デンマークの労働者の一週間の労働時間が四一時間から四〇時間に短縮されました。そして、一六年後の一九九〇年にさらに三時間短縮され、三七時間労働になりました。デンマークでは、税率の関係も手伝って、残業をするという労働文化がなく、人々は給料の対象である時間数の労力を誠実に提供するものの、無給で仕事を提供するというコンセンサスは、受け入れられていません。私の夫は、職場まで片道二〇キロの道のりをほとんど毎日、自転車で通勤していました。所要時間は、追い風で五〇分、向かい風で一時間強です。夫の職場では早い時期から、個人の責任と管理のもとに週三七時間の仕事をこなすというフレックス時間を導入していて、夫は早朝出勤をして、夕方三時、四時ごろに帰宅をするのを好んでいました。その時刻には、子どもたちも遊びや水泳などのクラブから帰宅していて、父親との接触が密でした。夕食は六時半、夫が出張で不在のとき以外は、いつも家族五人一緒でした。夕食の席で子ども達は、学校での出来事、友達と意見が合わなかったこと、楽しかったことをそれぞれ話し、家族がバラバラに過ごした一日を振り返るのに必要なひとときです。夕食後の父親の大任は、宿題を見てあげることです。三人の子どもたちがそれぞれの学年レベルで父親に質問してきますが、重なる場合もあり、「番号制にしようか」と笑ったほどです。デンマークでは、ブティックや百貨店のスタッフは別として、民間企業、公共団体の全部が週休二日制で、土曜日と日曜日が休日です。教育分野での週休二日制導入も私が結婚した頃に行われていて、我が家の子どもたちの学校生活は、週休二日制の時代です。家族を持っているデンマークの夫婦は、一人ひとりの行動をとるのは稀で、ほとんどが家族一体となって休みを過ごします。地形的に平らな国で、日本のように山脈や渓流がある大きな自然はありませんが、生活の近くに林や公園が散在し、ボールやバドミントンのラケットをもってひとときを楽しむことができます。夫は、父親として「威厳」とか「権限」には無縁ですが、子どもたちのよきパートナーとして、絶対的な「信頼」を得ています。

●父親と子ども

時がたち、二〇歳になった長女ナナミが、「日本の文化・社会」について彼女の感じたことを日本で話す機会がありました。ナナミは、スピーチの始めに「日本が大好きで興味深い国だ」と伝え、さらに自分の子ども時代を振り返りながら、父親の役目について触れています。

「日本の男性は、夜遅くまで働いていて、子どもと接する時間が少ないように思います。デンマークでは、両親とも日中は働いていますが、子どもは学校から下校したら学童保育に行く子も多いけれど、四時頃に帰れば、そこには、家族全員が待っています。私の家でもそうでした。父の帰宅時間は、通常四時頃ですが、時には三時頃に帰宅して私達とテニス、縄跳び、バドミントンなどをして毎日遊んでくれていました。そして、毎日変わらない夕食の時間、この時間こそが一番家族らしい時間だと私は思います。その当時、高校生の兄と中学生の兄と私、そして両親と五人集まってワイワイとうるさいながらも楽しい食卓がありました。それが普通のことだと思います。

でも日本に来てみると、友達の家では父親の姿を見かけません。父親は、忙しそうでかわいそうですが、小さい頃から父親と毎日遊んでいない子どもも、かわいそうだと思います。将来、子どもたちにどのような影響が表れるのでしょうか」

デンマークの家庭では、あたりまえのこととして成長してきたナナミが、日本の社会をみて、父親不在の家庭のあり方に疑問と不安を感じたという内容のスピーチでした。

このスピーチの原稿を見て、私も思わず、日本の家族とデンマークの家族の光景を思い浮かべました。そして、毎日夜遅くまで仕事に励み、日常子どもと接する間もない日本の父親は、子どもに与えることも子どもから得ることも制限され「大損」をしている、と思いました。

子どもたちに「幸せな人生を送ってほしい」と願うならば、まず身近な「家族」のあり方を見つめ直すことがキーポイントかもしれません。家族が一緒にすごす時間をもってこそ、初めて健全な家族生活が構築され、子どもたちに調和ある子ども期を送らせることが可能だと思います。

六　仕事と私

●さんざんの通訳デビュー

私が、子どもの日本語教育を大きな理由として家庭にいる間に、首都コペンハーゲンでは、日本からデンマーク企業を訪問するビジネスマンや視察者が少しずつ増し、また団体の観光旅行も組織され始めていました。同時に、通訳や観光ガイドのニーズも増え、日本人がデンマークで活躍できる分野のひとつとして、公認ガイドを取得する人が増えていました。私の耳にも時折、誰々さんが公認ガイドの資格を取った、という話が聞こえていましたが、彼らの決心と努力を賛美はすれど、資格取得に向けて私の心を揺さぶることはありませんでした。私は、子どもたちのためにお菓子やパンを焼き、自分の趣味で陶芸や染色に凝り、自分で一日のプログラムが作れる家庭生活をエンジョイしていました。きっと自分の生活の範疇《はんちゅう》において、観光ガイドや通訳の仕事があまりにも未知であり、先見の明ももちあわせていなかったのかもしれません。

そんな中、私の通訳のデビューの機会が突如訪れました。デンマーク語と日本語の数少ない通訳の一人として活躍していた日本女性Ｍ・Ｄさんから、「病気のため仕事に出ることができない」と、ピンチヒッターを頼まれたのです。「通訳？　経験もないし無理です」と焦って何とか断ろうと懸命でしたが、「大丈夫。簡単な話だから」と、先方も必死なようで後に引きません。私は、半分言い含められた状況と怖いもの知らずが同居した状態で、指示された場所に、事前勉強もなく行くことになります。行き先は、デンマーク農業理事会。案内されて入った部屋で目にしたのは、ダークスーツに身を包んだ日本人男性四〇人あまりが、整然と黒板を前に座っています。「エッ！　これって、講義？」と、私の想像を完全にくつがえす光景に、踵を返すことができたらとっさにUターンしていたでしょう。

私は、必死で講師に「友人のピンチヒッターである」こと、「講義とは、聞いていなかった」などと、私の苦渋の立場を理解してもらうべくアピールしました。それに対し、講師は、「ゆっくりやりましょう。大丈夫ですよ」と、私の素人さに不安も見せず、講義を始める雰囲気です。まさに「まな板の鯉」。観念する以外、方法はありません。あれよあれよという間に、デンマークの酪農組合について講師の話が始まってしまいました。酪農組合の組織について少しでも知識があれば、気持ちに余裕もあったのでしょうが、聞いたことのない単語の登場も手伝って足がすくみ、体が小刻みに震えるような状態で、立っているのがやっとでした。

不思議なことに、人間は苦境にあると、全力投球で何とかものごとの収拾をつけられるようです。長くもあり、短くも感じた一時間の講義が、悪戦苦闘の末、やっと終了しました。私は安堵するより、準備もなく素人が担当した羞恥心でいっぱいになり、せめてもの謝罪として通訳料金を断るつもりでした。ところが私の意に反して返って来た言葉は、「ご苦労さま、講義を助けてくれてありがとう。最近、日本からの視察団が増えている。次回も担当してほしい」というものでした。「最初で最後だ」と思っていた仕事でしたが、寛大な講師に思いもよらず背中を押されたかたちで、「次回という機会があったなら十分勉強して臨もう」と、思い直していました。それから、講師が予測していた通り、本当に日本からデンマークの酪農組合のしくみを勉強にくる団体が増えていきました。私自身も資料を読み勉強し、また講義資料の日本語訳も手伝いました。私の仕事も月に一度から月に二度と徐々に増し、初めての訪問先に対しては、資料を取り寄せて事前勉強をして、専門用語を調べる、というプロセスで仕事に臨むことにしました。

●すべてに「初め」あり

コペンハーゲン近郊に住む日本人が少ないということも大いに手伝って、私の職業意識がある、ないにかかわらず、仕事の依頼が入ってきました。また、デンマークの通訳業務マーケットが他国に比べて小さかったおかげで、私たちは、通訳業務分野を限定することができず、旅行業者が作成した多種多様な分野のプログラムに添って派遣されました。もし、仕事の分野を選ぶことができ、その道の専門用語を熟知し仕事に臨むことができたならば、早く慣れたことでしょう。しかし、今日は病院、明日は鋳物工場などと、訪問先のバリエーションは広く、そのたびに資料を取り寄せ、にわか勉強で臨みました。単語がわらなくて頭の中が真っ白になったことも少なくありません。そういう時は、小声で「その単語がわからない」と素直に言うと、ほとんどの場合、類似する単語に置き換えて助け舟を出してくれました。話をする本人は、自分の専門や慣れた仕事について話すのですから、スピードも速く、途切れを知らず、話し通すときもあります。駆け出しのころの私は、せっかく話に興じている人にストップもかけられず、背筋をゾクゾクさせ、足を震えさせていました。私は、ただ、全身で講師の話に耳を澄ませ、言葉を聞き、頭を通過させて、その間に訳し、言葉にして伝えるという、機械的な作業をこなすのに必死でした。デンマークの大きな産業として養豚があり、日本の農業関係者の養豚場視察が増し、私も農場を視察団とともに訪問することになりました。養豚場のにおいを体中に染み込ませて帰宅し、今日の仕事の話を夫にしようとするものの、デンマークの養豚数、と場の処理数など、視察中に聞いてはいても、まさに右から左に抜けていて、報告すらままならなかったことが、いかに気持ちに余裕がなかったかを裏付けています。

こうして、自然発生的に始めた仕事ですが、「私には、けっこう合っている仕事ではないか」と、認識するようになりました。それは、未知の分野に派遣されることに不安を抱きながらも、やはり「やってみよう」という少しばかりのチャレンジ精神と、自分の知らない分野を学ぶことができる魅力を感じていたのでしょうか。八〇年代に入って日本の経済成長とともにデンマークに視察に来る個人・団体も増加し、それを手配する旅行社も増え、視察団の手配獲得に忙しそうでした。しかし何といっても気候がら、旅行社の仕事は、夏と初秋に集中したために、各旅行社はガイド職や通訳者を常勤雇用することが困難で、ほとんどの人がフリーランスで仕事を請け負っていました。私も同様で、日にちと仕事の内容に納得して、初めて受注となる仕事形態を好都合と受けとめていました。多くの仕事は、「訪問場所は初めて、会う人も初めて」の単発的な業務ですが、そのおかげでデンマーク中の産業、福祉、サービス、メディア分野を学ぶことができたのは、大変有意義であり、私の知識として少しずつ蓄積されていきました。誰にでも、何につけても「初めて」の経験はあります。私たちは、「知らない、やったことがない」と、拒否することは簡単ですが、少しの勇気をもって行動を起こすことで、自分の世界が広がっていくことにつながるのではないでしょうか。

私は、多方面の仕事をし、人々の意見や話を聞くことで、デンマーク社会の全体像が何となく見えてくるようになりました。デンマーク社会は、誰もが自分の意見をもち、自分の人生の設計図をもっているようです。そして、その設計図を目標に、試行錯誤しながら自分の発展を真剣に考えているようです。しかし、それだけでは、個々別々の人間が社会の中に渦巻くように連想させますが、実は「連帯 Fællеds」というキーワードで、社会的に合意した目的を共有する連帯感の育みを教育課程のグループワークなどを通して学んでいます。

●働く親と子どもたち

私が仕事をすることに、夫は一貫して「あなたが楽しいと思うならやればいい」と応援してくれました。私の仕事は、一定の雇用者をもたず、一貫してフリーランスを通していたので、「需要があって初めて仕事になる」という不定期的なものでしたが、かえってそれが私とわが家のニーズにマッチしていました。夫は、常勤の職業をもっていて、お給料も定期的に入ってくるという、ある種の保障もあり、私は仕事がない日は、子どもたちとすごすことや、家事にあてることができました。仕事をすることは、私の発展につながりますが、「生活全体の中でみて、仕事の割合が比重を大きくしてはならない」と思っていました。夫の職場では、フレックス労働時間の導入とほぼ同時期の一九八五年あたりから自宅出勤が認められ、自宅にも会社負担のコンピューターが取りつけられ、私の仕事が数日続くような場合は、夫が自宅で仕事をして子どもたちの帰宅を待つことができました。母親の私が外に仕事に出ることに対して、子どもたちの反発も家庭的な変化もありませんでした。また、変化を感じさせないように母としての家庭的な責任を念頭におき、努力したかもしれません。子どもたちにしても、友達の母親が全員と言って過言ではないほど、仕事をもっているというデンマークの社会環境の中、私が仕事をもつことはごく自然だと思っていたことと思います。また、子どもと親の関係からいえば、親といえども子どもに密着する日常は、子どもを干渉する姿勢にもなりがちで、決して健全だとはいえません。子どもたちも食事の支度、食後の皿洗いなどの家事に参加することによって、自分自身が家族の一員である責任と存在を自然に学んでいきます。

●子どもに「振り向く」こと

子どもたちは、大学生、高校生、そして小学校六年生になり、それぞれの活動日課で忙しく毎日を過ごしています。「もう母親の役目は、終わりかしら」と思っていた矢先、仕事を通して成長期の子ども達に対する親の役目の大事なことを教えてもらいました。

それは一九九〇年、日本のテレビ番組「アインシュタイン」のロケの一部がデンマークで行われ、私がコーディネーターとして取材に参加した時の経験です。デンマークロケの目的は、一九二二年にノーベル賞を受賞したデンマークの物理学者ニールス・ボーア博士（一八八五〜一九六二年）の研究および人生を紹介するものでした。

ボーア博士は、ドイツのアインシュタインと並ぶ、二〇世紀が生んだ偉大な科学者であり、哲学者としても知られています。彼は、各国の若い学生を研究所に喜んで受け入れ、開放的な雰囲気の中で量子力学を誕生させました。ボーア博士の物理にかける研究心と、温厚な人間味は、「開かれた研究所」として世界中の物理学者から慕われる存在だったようです。

取材の目的は、ニールス・ボーア博士の次男で医学博士ハンス・ボーアさん（当時七〇歳くらい）からお父様の思い出を語ってもらうというもので、ボーア家の別荘があるチセヴィレのサマーハウスの庭が設定されました。インタビューがスタートした時点では、私のまわりに飛び交うやぶ蚊が気になっていましたが、話がすすむにつれ、蚊のことなど気にする暇がないほど興味深いものでした。
「私の父は、研究所では、いつも大勢の研究仲間やお弟子さんに取り囲まれていて、常に多忙の人でした。しかし、父は、どんなに忙しい時でも私たち子ども（五人兄弟）が父を呼ぶと、必ず私たちに振り向き、向かい合う人でした」と話されたときは、ボーア博士の大きな人間性を知らされました。収録が終わって初めて、あちこちに蚊の攻撃を受けたことに気づきましたが、私の心は、よい話を聞けたことで満ち足りていました。

この頃の私は、外出仕事がない日にも家のオフィスで次の仕事の調整など、課題が山積みされていました。どの仕事も私の興味を引くもので、この時に気がつかなければ「忙しい、忙しい」で、子どもたちが大きくなってきたのを幸いに、仕事に没頭する日々をすごしていたかもしれません。しかし、このインタビューで聞いた話は、私にとって貴重な収穫でした。以来、オフィスにいる私を子どもたちが呼ぶときは、どんなに忙しくとも、涼しい顔をして「なあに……」と彼らのそばに行くように心がけることにしました。親が忙しそうにしていれば、子どもたちは敏感に悟り、遠慮するか、敬遠するかして、親に近づこうとする姿勢を後戻りさせるかも知れません。親が、いつも受け入れ可能だという余裕ある姿勢を気づかせることによって、子どもたちはその日の出来事を含め、いろいろと親と語り合うようになるのではないでしょうか。それは、成長した子どもだからこそ、より大切なのかもしれません。

七　私の家族

●私たちの家族にウエルカム

それまで、あまり女性の影が感じられなかった長男アキから、突然「会わせたい女性がいるのだけれど。ベラルーシの女性でロシア語を話し、タニヤという名前」と告げられ、私は「ロシア語!! ベラルーシってどこ?」と、とっさに反応してしまいました。息子たちの将来の伴侶はデンマーク人か日本人くらいが私の視野の中でしたので、ロシア語と聞いて不意を突かれた思いでした。すぐに地図を開きベラルーシを見つけ、デンマークと意外に近いことを知りました。それから彼は続けて「まだ、デンマークに来て一年だけれど一生懸命デンマーク語を勉強中なんだ。背格好はナナミ(妹)に似ているかな。モア(お母さん)がフィンランドで務めていたように、今オペアとしてデンマーク人の家庭にいて、二歳の女の子のベビーシッターをしている」と紹介してくれました。私は「どんな女性を射止めたのかしら」とワクワクする気持ちとあわせて、息子の国際結婚についての心中が案じられました。異文化どうしの結婚は、同国人と結婚するよりさらに寛容性と尊重心が求められます。私はほぼ自動的に「いろいろな意味でファー(お父さん)が私をサポートしてくれたように、あなたが彼女をサポートしなくてはならないわよ。できるの?」と口に出してしまいました。その問いに息子は「あたりまえでしょう。それに他の国の人だから興味深い」と意中の人を射止めた自信で満々でした。それから我が家での話題は、日本とデンマークのみならずロシアまで広がり、半年後には思いもよらずロシアと親戚関係をもつことになります。

「たったの五分の結婚式」で、私たちの長男アキとタニヤがコペンハーゲン市庁舎内の小さな結婚式場で夫婦になったのは、一九九九年一月のことでした。短時間の中にも厳粛さがあふれ、真剣な顔つきで指輪交換をする息子とタニヤの表情から、「これをもって夫婦になる」という緊張感が感じられました。式場は狭いながらも歴史を感じさせる荘厳な壁画で装飾され、結婚の意味の深さを感じさせています。その狭い式場に当の本人たちと私たち参列者がひしめくように立ち、市庁舎の職員である祭司によってカップルに結婚する意志が問われ、夫婦の契りを確認し、立会人によって承認されます。デンマークでは教会以外の結婚の方法として、各自治体の市役所で結婚式を挙げることができます。市役所での結婚式の祭司は往々にして市長が務めますが、コペンハーゲンの場合、人数も多いという理由からか、結婚式を担当する人が特別にいるようです。

コペンハーゲン市庁舎内「結婚の間」で、
指輪を交換する二人

たとえ五分間の式であっても、私は親として息子の結婚に感慨をこめて見守っていました。私の脳裏には彼の子ども時代、学生時代、そして社会人となった息子の二九年間のアルバムがすごいスピードでめくられていました。そして、この歳月はすべて彼が築く「自分の家庭」の準備であった、とつくづく感じ入りました。

にこやかな笑顔で式場から出てきたタニヤを、私は、〝私だけの特別な〟思いで「私達の家族にようこそ」と抱きしめ目頭を熱くしました。私は少なからずタニヤに自分の若い頃を重ねていたようです。タニヤが育った環境を離れて、これから始まるデンマークでの生活が幸せなものでありますようにと、祈る気持ちでいっぱいでした。

息子がタニヤに出会ったのは結婚する半年前ですから、デンマークの標準からすれば電撃的な結婚です。デンマークでは出会いがあって恋愛関係に入ると、どちらかのアパートに引っ越し、ある程度の同棲時代を経て結婚するのが最も一般的です。同棲中に子どもをもつ夫婦も少なくありません。デンマークでは結婚をして市役所に登録するのか、同棲生活を続けるのかは個人的なライフスタイルの選択であり、社会的に尊重されています。

二人がめぐり会って間もなく、タニヤが息子のアパートに引っ越し、生活を通してお互いを知り、「この人と家庭を築きたい」と確認したようです。彼らの問題はタニヤのデンマーク滞在ビザでした。ベラルーシ共和国は現存する数少ない共産国で、タニヤの出入国にはかなりの制限があります。そもそもタニヤがデンマークに来た大きな理由は、母親がかねてから「将来がある国に娘を住ませたい！」と考えていたためでした。娘を、将来のある国に移住させるために英語教育に力をいれていた、といいます。意中の人にめぐりあうことができた二人は、短い期間に多くを経験し、タニヤの実家を訪問し、凝縮した付き合いをしたようです。

コペンハーゲン市庁舎の前で、友人たちの祝福のライスシャワーを浴び、新婚カップルが誕生しました。息子とタニヤが結婚したことは、私にとっても「姑」という新しい立場を得たことでもあります。私は、「タニヤの母の代わりにはなれないけれど、女性という同等の立場で何でも自由に話せる友達になりたい」と、つくづく思いました。

●タニヤの奮闘記

タニヤは一九七二年、ベラルーシ共和国の首都ミンスクで生まれ、大学教育を受けたのち、デンマークへ来る前に教員としてすでに仕事についていました。デンマークの社会事情は、私が結婚したときに比べて変化しており、息子の世代は女性も同等に職業をもつのが一般常識です。しかし、タニヤがベラルーシで受けた教育では、デンマークで職業につくことが困難でした。タニヤがデンマークで同年輩の人たちと同じように生きていくためには、デンマークで職業につける教育を受けなおす必要がありました。ところが、外国人がデンマーク教育省公認の教育を受けるには、「デンマーク語一級」の試験にパスしなくてはならないという難問があります。私にはこのようなプレッシャーがいっさいなかったので、タニヤが半年で「デンマーク人も理解できない」といわれているデンマーク語の試験にパスしたときは、彼女のひたむきな努力に驚かされました。その後は、何の教育を受けるかの選択という問題を解決しなくてはなりません。デンマークでは、「とりあえず教育を受けておけばよい」という安易な考えは、その先の就職に何の役目も果たしません。きちんと、将来何の職業につくかを見定めてから、その分野の教育を受けるのが一般的です。

ある休日、遊びにきていたタニヤとくつろぎながら分厚い教育案内書を「何がいい。これはどう？」とぺらぺらめくっていました。私が「歯科衛生士」のページに目をとめ、「以前、歯科大の教授がデンマークは歯科予防が徹底しているので将来歯科医は減少するだろう。歯科医に代わって歯科衛生士の活躍する時代になり増員が必要になる、って話していたわよ」と何げなく話しました。タニヤは実は大の歯医者嫌いでしたので、歯科関係の教育は眼中にないものと思っていました。しかし、彼女は一月に行われる第二次進学受付（教育をいったん中断している人たちのために設けられているシステム）に、「歯科衛生士」で応募したのでした。運良く応募は受け入れられ、デンマーク歯科大付属衛生士学部に入学することになりました。それからというもの、彼女の努力は並大抵ではありませんでしたが、会うときはいつも明るくすがすがしい笑顔を見せてくれました。タニヤがデンマークに来たのは二七歳ですから、新しい教育をスタートするには決して早い年齢ではありません。しかも二〇〇〇年には長女のステファニーが誕生しています。

歯科衛生士の教育は、他の職業教育と同じように実習に重きをおいています。毎日、午前中は歯科大に設けられている大きなクリニックで患者を担当し、午後は理論を勉強します。歯科医も同様で、患者は無料で治療を受ける代わりに、学生の実習相手になるという、歯科大と患者の相互関係があります。タニヤの学校生活は三八時間のフルタイムで働く勤労者と同じで、朝七時には家を出て夕方五時に帰宅するハードなものでした。タニヤの教育期間中、臨床経験は約八五〇時間、担当した患者数は六〇人以上にのぼります。これだけの経験を積めば、卒業後、晴れて就職しても自信をもってすぐに患者をみることができます。

歯科大の学生の頃のタニヤ、ステファニー１歳と私

二〇〇四年二月、私たちは孫のステファニーを連れてタニヤの卒業式に出席してきました。新入生七〇名でスタートしたのに、卒業できたのは三五名です。その中に外国人のタニヤが加わっていたことは絶賛に値します。さらにタニヤが技術で最高点をとり、壇上に呼ばれて花束と五〇〇〇クローネ（約一〇万円）の報奨金を受け取ったときは、私もじっとしていられずに立ち上がって手の痛みを感じるほど拍手をしました。ジンとこみあげてくるものを感じて、会場にいる皆に「これは私の息子のお嫁さんですよ！」と叫びたいくらいでした。タニヤはデンマークに来てわずか五年の間に、しっかりとデンマーク人に追いついていました。

タニヤが教育を修了した時、ステファニーは三歳になっていました。彼女は保育園に通い始めていて、ほとんどの日はお父さんが四時前には迎えに行っていました。風邪をひいたり、保育園を休みたい日は私たちが預かりました。グループワークやテストの時も私たち祖父母の出番です。ママ学生のタニヤは、厳しい学業と娘ステファニーの成長との狭間におかれジレンマを感じていたのは確かですが、ステファニーとの時間を最優先させながら、自分と家族の将来の設計図に向かってまい進していた姿は、はたから見ていてもすがすがしいものでした。

●三カ国語が飛び交う三カ国家族

タニヤは娘ステファニーの誕生の時からロシア語で話しています。ステファニーは今のところ、ママのロシア語をほとんど理解していますが、自分からロシア語で話すことはありません。ママがロシア語で話をすると、それに対してデンマーク語で返しています。そのそばで私と息子が日本語で話し、息子は隣に座っている父親とデンマーク語で話すといういちどきに三カ国語が飛び交う国際色豊な家庭です。ステファニーは一般的にいえば四分の一日本人ですが、容姿からは東洋の血が一滴も感じられません。でも「やはり四分の一日本人」と実感できるのは、ご飯、魚、そして醤油味を好んで食べることぐらいでしょうか。「ロシアのピロシキに、醤油とからしをつけて食べるのは私たちだけ」とタニヤが笑うように、食事においても国際色豊かです。

私はタニヤに対して、先輩顔して「教える」ということを一貫して控えています。彼女から相談があるときは、もちろん私の意見を伝えますが、それはあくまでも私の意見や提案であり、タニヤが受け入れるか否かは彼女の方針に委ねることにしています。子どもの言葉教育に関しても、タニヤはステファニーに「デンマーク語ではこうだけれど、ロシア語ではこうよ」というように、言葉の違いと翻訳的な方法で接しています。この方法は、私が日本語と位置づけせずに「お母さんの言葉」として、子どもと接してきたこととは異なっています。しかし、私の子育ての環境と、タニヤが接している環境が違うということと、何といっても「それぞれ違う考え」があることを尊重しなくてはなりません。私は自分の信じたことを実行してきたし、タニヤは自分の信じている方法でステファニーと接しています。要は、最終的に自分の目的を達成することができればいいのですから。

祖母である私と、孫のステファニーの会話はデンマーク語です。ステファニーが誕生したとき、私はどの言葉で孫に接したらいいのかタニヤと相談しました。当時タニヤは、私が日本語を話せばステファニーが自然に日本語を身につけると考え、「日本語で」と答えていました。しかし、同じ屋根の下に住んでいないのに、日本語が飛び入りすることは、ステファニーの負担もさることながら、祖母の話すことが理解できない事態になることが心配でした。私はこのことをタニヤに伝え、以来ステファニーにはデンマーク語で接することになりました。

最近、ステファニーにロシア人のママをもつ友達ができたようです。その子はステファニーに「私はロシア語とデンマーク語を話すのよ」と得意そうに話したそうです。それを受けたステファニーは「私はロシア語とデンマーク語と日本語を話すもん」と、言い切ったそうです。どんな根拠があって、ステファニーが日本語を話すといったのか不思議に思っていましたら、父親がそんなエピソードを私たちに報告しているのを横で聞いていた本人は、「そうよ、私日本語も話せるもん。教えてあげようか」と私の興味津々の顔つきをみながら「おいしい」の一言を発表してくれました。彼女は私と息子の会話を耳にはさみながら、「おいしい」を覚えたのでしょう。私は彼女の得意げな顔をなでながら「そうね。ステファニーはすごいね。たくさんの言葉を知っているもの」と、彼女が言葉に興味をもった瞬間を味わいました。

ステファニーがママにロシア語で話さないことについての本人の言い訳は、「ママはデンマーク語がわかるから」ということらしいのですが、ロシア語が口から出ないという現象は彼女の頑固さからか、または恥ずかしさからなのでしょうか。いずれにしてもそれを打ち破るきっかけがあれば、きっと今まで頭の中にため込んでいたロシア語が放出されるのでは、と思っています。大切なのはプレッシャーをかけないこと。その子、その子が出発点とするきっかけは必ずやってくるはずです。

国際結婚の家庭で、言葉は重要な問題です。一般的には住んでいる国の言葉が優先され、デンマークならデンマーク語だけで育つ家庭が多いようです。このことを考えると、タニヤがステファニーにロシア語で接し、私の息子は自分の父親のように、ロシア語を尊重している姿勢は、私たちの子どもに対する日本語教育がヒントになっているのかもしれません。そしていつの日か、ステファニーがこの三カ国語家族に育ったことが、彼女の人生にプラスになればいいな、と願っています。

●二人の姪は韓国から

私のデンマークの家族にはロシア、日本、デンマーク出身者のみならず、実は韓国に生を得た姪が二人います。

この二人は、私の夫の妹ドーテと前夫クラウスの娘、ギッテ（二九歳）とサンナ（二六歳）です。彼女たちはすでに親元を離れ、コペンハーゲンにそれぞれアパートを借りて独立した生活を営んでいます。ギッテは通信会社で働き、サンナは学生援助金と少しのアルバイトをしながら、商業大学でIT技術の勉強に励んでいます。実はこの二人は、生後三カ月の乳児の時に、韓国のソウルからドーテとクラウスのところに養女にきました。夫の母インガは、その時からギッテとサンナの祖母となり、私の子ども三人を含め五人の孫をもつことになりました。思えばインガの五人の孫は、それぞれ黒髪でダークアイの東洋系で、純粋のデンマーク人は一人もいません。でもそんなことはインガにとってどうでもいいことでした。彼女は五人を平等に愛し、「養女」とか「実子」という言葉さえかつて一度も彼女の口から出たことはありません。

デンマークでは一九七〇年ごろから、海外の子どもとの養子縁組が盛んになり、一九七〇年から二〇〇三年の間に五五カ国一万七八二七人の子どもたちがデンマーク人の養子となっています。その中で韓国からの養子が八四八四人と一番多く、全体の四八・五%を占め、インド、スリランカが後に続き、ほとんどが新生児のうちに養子縁組をしてデンマークの地に根をおろしています。今でも街で、デンマーク人の夫婦が明らかに養子だとわかる子どもを、愛しそうに、そして得意そうな顔で抱く微笑ましい姿をよく見かけます。

長女ギッテ（29歳）、母親ドーテ、次女サンナ（26歳）

統計によると、外国人の養子縁組を希望するデンマーク人夫婦の年齢は三〇歳代後半が多く、教育期間が長く比較的経済的に豊かな夫婦が多いようです。夫婦が養子縁組をした時点から、実子をもつ家庭と同様に、育児休暇や育児手当などを含む、すべての公的サービスを受ける権利があります。

姪二人は、他の養子たちと同じように、もちろん自分が養子であることを幼い頃から知っています。事実は事実として、もの心がつく頃からアルバムに記録されている「韓国でつけられた名前」や「養子縁組のためにデンマークに送られた乳児期の写真」を見ながら、自分たちは飛行機で飛んできて、空港で初めて親子の対面をしたという経緯を知っています。

私たちは往々にして、自分が言いづらいために事実を隠し、いつか自然にわかることを期待しがちです。しかし、「私は本当の子じゃないのでは」と、子どもに疑問を抱かせるほうが、かえって子どもの心を傷つけるのではないのでしょうか。少なくとも彼女達の日常から「生みの親」「育ての親」の意識は感じられず、夫の妹からも葛藤があったことを聞いたことがありません。彼女たちは、自分たちの生きている意味が「育ての親」にとってどんなに「大事なもの」であるか、自らの成長期を通して実感していることだと思います。そして、この「大事なもの」は、子どもの成長を見る楽しみであり、親としての責任を果たす楽しみで、決して成長した子どもに「老後を看てもらう」などの代償を求めるものではありません。

今、姪二人はそれぞれのアパートに暮らし、仕事に学業に専念しています。両親と頻繁に会い、食事をともにして、精神的な愛情が深い親子の絆になっています。彼女たちは、デンマークの心で育ち、デンマークの考えをもった、健全なデンマーク人に成長して社会に羽ばたいていきました。

第二章 家庭と社会のハーモニー

ママは仕事へ、ぼくたちは保育園

一　社会の子

デンマークの日中の住宅街は、子どもの声もなく、ひっそり静まりかえっています。大人は仕事に出かけ、子どもたちはそれぞれの保育施設にいるのが大きな理由です。時々、賑やかな声がするなと思うと、保育園の園児たちが保育士に見守られながら元気に散歩をしている光景に出会います。

デンマークの夫婦は、妻の妊娠中または子どもの誕生後まもなく、自治体の保育課に乳児保育の席を申し込みます。デンマークの女性にとって、出産は人生の大事な出来事のひとつであり、決して退職の理由にはなりません。夫婦は、妊娠を確認した頃、子どもの施設保育を視野に入れて産休の計画をたて、産後の職場復帰の時期を決めます。乳児達は、母親または父親のもとで六カ月から一歳まですごし、その後、乳児保育が始まるのが最近の傾向です。

現在デンマークの子どもの成長過程をとりまく施設は、〇歳から二歳までの乳児保育、三歳から五歳までの幼児保育、学童児三年生までの学童保育、四年生から中学生の青少年クラブと、成長期にあわせて施設が完備されており、すべて自治体の運営です。子どもが、いわゆる「カギっ子」にならず、親が仕事から家庭にもどるまで、おとな（保育士または生活指導員）や友達と一緒にいられる環境が整っています。しかし、子どもは子どもで大変です。週の五日間は、親の仕事の都合で寝起きし、忙しく朝食をとって保育施設に預けられる日常です。事情と内容を知らない日本人は、

「子どもがかわいそう」とつぶやくかもしれません。しかし、デンマークの保育施設の保育方針、日常の親子の育み方、そして、世代を越えた交流を見ると、「親の存在」を違った角度で見ることができ、決して「二四時間専業ママ」でいることが子どもにとって「良い」と言い切れないところがあります。

●統一された保育基本方針

デンマーク王室第二王子ヨアキム殿下夫妻の二人のちびっこプリンスも、一般市民の子どもたちも、みんな保育園育ちです。デンマークの夫婦またはカップルは、女性が職をもつことを「あたりまえ」と考え、したがって子どもたちが施設で保育されることもまた「あたりまえ」なのです。

ロスキレ大学内にある男女平等研究所のカーレン・シューロプ所長は、デンマークの進んだ男女参画型社会の大きな要因として、「信頼できる保育制度」が確立されていることを挙げています。

デンマークの幼児保育の行政的な管轄は社会省で、これは他のヨーロッパ諸国とも異なります。日本の場合、管轄省庁の違いで「幼稚園」および「保育園」が存在しますが、デンマークの幼児保育に関していえば「Børnehave＝子どもの庭」とひとつだけで、デンマーク語から日本語にする際、訳者によって幼稚園とも保育園とも呼ばれることがあります。先に記したようにデンマークの二〜六歳のほとんどの子どもは、一日平均七・二時間を保育園で他の子どもとすごします。保育にあたるのは、三年半の教育を受けた保育士で、デンマークではPædagog（ペダゴー）と呼ばれています。しかし、日常生活の中で職種で呼ぶことはなく、ペダゴーは「おとな」、園児は「子ども」という名称で分けています。子どもたちが日常どのような生活を保育施設ですごしているのか、またすごすのかは、保護者のみならず、後日成人した子どもたちを受け入れる社会にとっても大きな関心事です。まず、保育施設の保育の目的は何であるか、また保育士が子どもたちの幼児保育にどのように関わっていくのか、さらに国の保育施策に準じているかが常に念頭におかれています。

●国は、どのような幼児保育を目的としているのか

デンマークの幼児保育では伝統的に、読み書きなどの教育も、集団で踊りなどを覚えるようなこともなく、家族に代わって家庭での子育てのように保育をする場所とされてきました。幼児保育における法律としては、一九九八年改正のサービス法に現行の保育の基本目的が次のように記されています。

・デイサービス（保育）は、一人ひとりの子どもに合うケアと支援、および子どもの正しく健全な成長につながる社会的および一般的技能力の発達を保護者と協力して行う。
・デイサービスは、子どもの想像力、創造力、言葉の発達に刺激を促す経験や活動の可能性を与え、さらに遊びや身体活動、周囲検索または子どもが仲間とともにすごすことができるよ

うなスペースを確保しなければならない。

・デイサービスは、子どもに決定と責任参加の可能性を与え、それが集団での義務遂行に必要な自立と能力を発達させることを促す。

・デイサービスは、子どもの文化的価値と自然との共存への理解を促す。

以上は、国が求める保育目的であり、かなりの大枠になっています。この「枠」政策こそデンマークの地方分権制度における大きな「みそ」なのです。国は、法律として施策目的をつくり、現場で最低限、施行すべき点を「枠」として発令し、その「枠」をどのように埋めていくのか、住民のタイプやニーズがそれぞれの市によって違うという視点から、各自治体に任されています。このことから多くの自治体では、国の保育施策と同時に、自治体独自の保育目的をもっているのが一般的です。さらに、この国の基本的保育目的の中でデンマーク人が最も大事にしていることは、遊びや経験を通して子どもの「個人的な発達」を促し、それによって自尊心や自己決定の力を養うことにあります。

●保育は、自治体の責任

数年前にデンマークのテレビニュースで、医師を職業としている母親が、乳母車を押して自分の住む自治体の市長を訪ね、「子どもを預かってほしい」と市長室に乗り込んだ、という報道がありました。話によると、この市は、他市からの人口移動を図るために新興住宅を建設し、スローガンとして自然豊かで、かつ「保育設備完備」をうたったようです。この母親も子どもをもつことで手狭になったコペンハーゲンのアパートを手放し、自治体のスローガンも魅力のひとつと考え、家族で引っ越してきました。しかし、母親が仕事に復帰する時期がきても、自治体からは乳児保育の待機の知らせばかりだったため「自治体の公知にうそ偽りがある。保育施設に空きがないのなら子どもの面倒を市長がみればいい」という訴えを起こしたそうです。

このようにして、デンマークでは保育義務は自治体にあり、平均二〇％の市民税を納税している市民は、自治体のサービスの一環である保育を受ける「権利」がある、ととらえています。現在、待機が三カ月以上の場合は、市民は自治体を訴えることが可能であり、多くの自治体は保育保障などを掲げて市民サービスに努めています。

このため、デンマークには日本のようなかたちの民間経営の保育施設がほとんど存在していません。しかし、教育的、思想的、宗教的または職業的な理由で、独立法人として国に申請を出し、認知されれば設立することが可能で、公共の施設と同じように助成金がつきますが、その数はごくわずかです。公共保育の利用料は、自治体ごとに決定することができますが、保護者は運営費の三五％を上限として支払います。独立法人型の利用費もほぼ同額です。

入園時期は、席が空く際に順次市役所から家庭に通知され、保護者は子どもを連れて利用する保育施設に数回の訪問を行うのが一般的です。初日から子どもを「ポイ」と預けていくわけではありません。数回親子で訪問し、その後は、子どもから離れて近くのスーパー等で時間を費やし、さらに親が離れる時間を延ばしていく、という子どもに優しい過程を経て保育園通いが始まります。

保育施設の利用時間帯（開園時間）は、朝の六時半から夕方五時半で、子どもが何時に送迎されるかは、保護者の勤務時間に大いに影響されます。しかし、午前九時頃から保育園の活動がスタートする場合が多いので、その頃には、ほとんどの園児が集合しています。

保育施設の利用を数字で見ると、一〇歳以下で乳児・幼児・学童保育を利用している子どもの人数は五三万二〇〇〇人で、一〇歳以下の子ども総数の七七％にあたります。

この内、〇～二歳の乳児保育利用率　五六・一％

三～五歳の幼児保育利用率　九四％

六～九歳の学童保育利用率　八〇・一％

ちなみに一〇年前の一九九三年では、乳児保育利用率は四九・八％、幼児保育利用率八〇％、学童保育利用率五六・六％であり、利用率が上昇していることがわかります。

（デンマーク統計局二〇〇五年発表。但し前記は二〇〇三年の数字）

●選択肢のある保育

近年デンマークでは、個人の生活と考えが多様化していることに対して、以前に増して多様化を尊重し、あらゆる分野で選択肢のある社会をめざすようになりました。これは、保育分野でも同様で、社会の変化に対応した政策をどんどん打ち出しています。

二〇〇〇年にコペンハーゲン社会学研究所が行った保育施設の満足度の調査によると、七〇％の保護者は大変満足していると答え、二四％が一部を除き満足と答えています。このことは、子をもつ親が安心して子どもを預けて出勤することができることを裏づけています。さらに多くの保護者は、保育施設に影響をおよぼす機会があると答えていますが、このことから、保育士と保護者が参画してすごしやすい施設づくりをしていることがうかがえます。

また、保育事情は、女性の変化と保育される子どもの数にも大きく影響されてきました。一九七〇年代での一六歳～六六歳の女性の労働市場参加は五四％にすぎなかったのが、一九九〇年には七一％まで伸び、現在七八％の女性が仕事をもっています。同時に一〇歳以下の子どもの保育（乳児・幼児および学童保育）率は、一九九二年に五八％にすぎなかったのが、二〇〇二年には七七％に上がっています。これでは、自治体もうかうかしていられません。長い間、定番であった、「乳児保育施設」と「幼児保育施設」だけではカバーしきれず、待機児を出せば市民に怒られ、法律違反にもなりかねません。そこで試行錯誤したあげく出てきたのが「保育ママ」制度です。

保育ママは自治体の認可を得て、自宅で〇歳から三歳の幼児を五人まで保育することができ、自治体から給料が支払われます。保育ママに三歳以下の子どもがいる場合、彼女の子どもも園児とすることができ、自分の子どもの分も給料が支払われるしくみになっています。保育ママを希望する保護者は「少人数で家庭的なところに預けたい」と思い、保育ママは家庭にいながら大好きな子どもと一日をすごすことができる、そんな相互扶助が成り立っています。自治体はまた、保育ママが孤立しないように「プレイルーム」を提供し、保育ママと子どもたちの交流を図っています。

また、この一〇年の傾向では、伝統的な乳児・幼児保育施設においても新風が起きています。従来三歳になる園児は乳児保育施設を退園し幼児保育施設に入園していましたが、乳児保育から幼児保育に移ることに対して、「環境が変わるのが良い」とする保護者と、「子どもを慣れた環境から移すのは、子どもに負担がかかる」という保護者の両方の意見をふまえて、自治体が新しい保育のかたちとして「統合保育施設」を開設し、保護者にさらなる選択肢が与えられるようになりました。

二　シャロッテの初産

●夫と母の立ち会い

「ウーン、ウーン」と、シャロッテが強い陣痛を感じたのは、二〇〇四年八月一二日の朝。すぐに母親のハンナに連絡し、病院に行くことを告げました。というのは、夫のペーターが出産に立ち会うのは無論のことですが、シャロッテは母親にも立ち会ってほしいと思い、前もって誘ったところ、案の定、大喜びで出産に立ち会うことを約束していたからです。ハンナは、私がデンマークに来て間もなく知り合った友人で、子どもたちの成長を通して親しく付き合ってきた仲です。シャロッテの初産は、ハンナ夫婦の初孫で、やっと私と心ゆくまで孫談義を交わせることになりました。

シャロッテは、今年三四歳、国立工科大学で学んだ

左からシャロッテ、エミール、ペーター

のち、補聴器の一大メーカー会社でコンピューターエンジニアとして部下六人をもち、第一線で働いています。夫のペーターは三九歳、二人は勤務先で知り合い、五年間の同棲生活を経て、二〇〇三年に一軒家を購入と同時に結婚式も挙げ、人生設計を着々と進めていました。

母親が出産に立ち会う、という話は、私にとってとても新鮮でした。これは、ハンナ自身も嬉しい驚きだったようです。シャロッテは、他の若者同様一九歳の頃に学生寮に移って以来、独立して生活を送っています。妊娠してからは県立病院の産科で定期検診を受け、母子ともに健全でしたから、出産に対して精神的にも医療的にも不安はなかったはずです。「どうしてママを誘ったの」とシャロッテに問うと、「ママは、私を生む時にすごく難産だったので、いい出産を経験させてあげたかった」との答えが返ってきました。

産気づいてわずか二時間、初産としては超スピードで、パパとお婆ちゃんに見守られながら長男エミールが誕生しました。エミールのお腹の外での初めての夜は、病院でママとパパに見つめられながらすぎていきました。パパは、それから二週間の産休（権利として定められている）に入り、授乳以外のエミールの世話をしたり食事を作ったり、赤ちゃんのにおいがする新家族の生活を満喫していました。

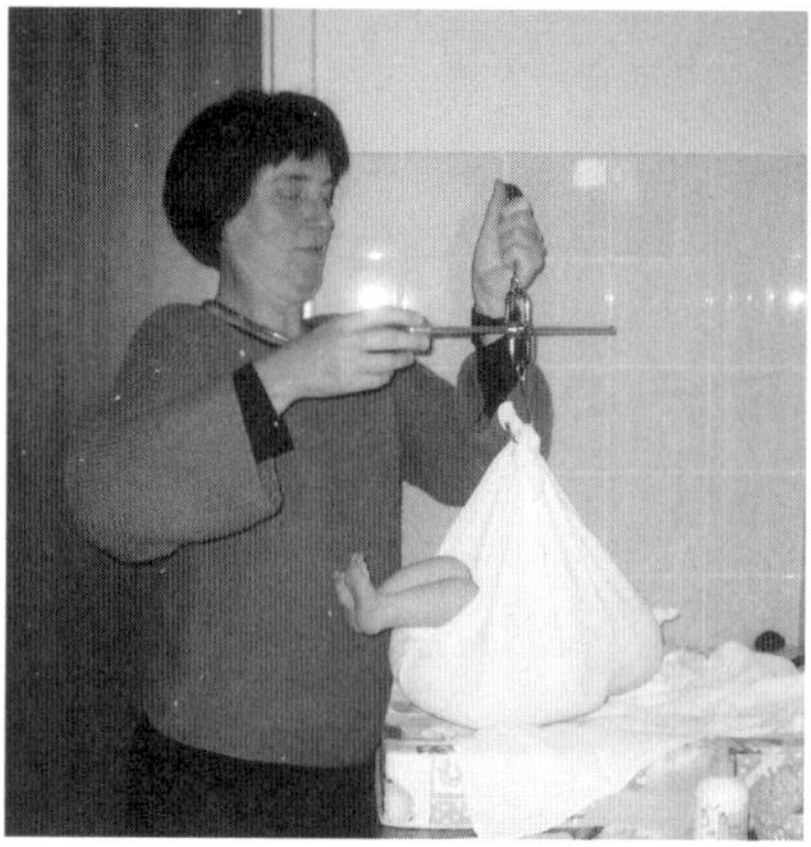

保健師さん、天秤を使って赤ちゃんの体重測定
「大きくなったかな？」

●子育てを一人で悩まない

シャロッテは、大の子ども好き。彼女の計画としては、二五歳頃に生みたかったそうですが、「でもその頃は、ペーターにめぐり会っていなかった」と、笑いながら話してくれました。「なぜ子どもがほしいの？」という私の質問に「いい人間を世の中に出したかった」と思いがけない答えが返ってきて、私を感激させました。

二カ月になったエミールは、すでに三回、自治体の保健師の訪問を受けています。保健師の一回の訪問は通常四〇分から一時間で、体重を計ったり、目や耳の反応をみたり、身体のバランスをみたりと身体的なチェックを行いますが、特に新米ママたちにとって保健師は、相談役として重要な存在です。保健師の訪問日は、パパ、ペーターにとっても大事な日で、遅延出勤にして夫婦で保健師を迎えます。身体検査を終え、三人でソファに座り、エミールの寝方、くせ、授乳のことなどを話すと、保健師はていねいに夫婦からの質問に答えていきます。「この子は、寝たと思うと一時間くらいで起きてしまい、お腹が空いているのかと思っておっぱいをあげると、ちょっと飲んだだけでまた寝てしまうのよね。何か小刻みすぎてあまり良くないと思うのだけれど」というシャロッテに、「そろそろエミールに一日のローテーションを覚えさせるといいかもしれないわね。朝の授乳がすんでしばらくしたら、乳母車でこの辺を一まわりすれば寝つくでしょうから、それを毎日くりかえすとそれがエミールの日課になるかもしれないわ」という具合に、提案的でいて、しかも押し付けがましくなく、「子育てはマニュアル通りにはならない」ということを暗に示しているようでした。また、ホームドクターでは、予防接種を含む定期健康診断が行われ、公的医療が支えています。

❸マザースグループに参加

シャロッテは、六人からなるマザースグループに参加しています。参加は自由ですが、シャロッテは当然のごとく参加を決めました。グループの六名は三名が初産、もう三名は複数の子どもをもっている母親です。最初の日は、保健婦のステーションで顔合わせがあり、保健師がコーヒーやクッキーを用意して歓迎してくれました。それ以降は、グループ独自で集合場所や時間を相談で決めていきます。シャロッテたちは相談の結果、家をもちまわりで訪問しあうことにしました。一カ月に一度の頻度で会うグループもいる中、シャロッテのグループは運良く気が合う仲間で、一週間に一度の頻度で会っても楽しい時間をすごせるといいます。

マザースグループ

シャロッテは家を購入してやっと一年、自宅周辺の人とあいさつ程度の知り合いにはなっていますが、同年輩で子どもをもつ家族を知りません。だからこそ、このマザースグループの新しいネットワークは、大いに子どもの話ができ、ささやかなことで「なんだろう」と疑問に思っていても、グループで話すと、「うちの子もそうよ」という答えや、「こうすればいい」とアイデアなどを得ることができ、新生児をもつ共通点があることから大いに話が弾み、安心感にもつながるというわけです。

そういえば、デンマークで、「よその子ができることを自分の子ができない」から悩むという話は、あまり耳にしません。これは多分、「みんなそれぞれ違う」という社会的コンセンサスと、母親、父親自身が幼い頃から「自分でものごとを考え判断できる」ように育っていて、他人と比較する姿勢より、自分を信じているという姿勢の方がより強いからかもしれません。

●シャロッテの産休計画

シャロッテは、二〇〇二年に改正になったデンマークのフレックス産休育休制度をもとに設けられている、勤務先の産休育休制度を利用するにあたり、夫婦で計画を立てています。彼女は出産前に五週間の妊娠休暇をとっています。夫ペーターは年間五週間の有給休暇から一週間をとり、夫婦で出産前の精神的な準備をしました。出産後のシャロッテは、出産日八月一二日から二六週間は、会社の制度で給料全額支給の産休に入ります。夫ペーターも、出産後一四週間の父親産休をとりました。ここまでは、いつも通りの収入があります。二六週の産休が終わる頃、エミールは七カ月になりますが、それからは、シャロッテが年間五週間ある有給休暇の四週間を半日計算でとり、八週に延長させ、次の四カ月（一六週）に半日分ずつ使うことにしています。このときの彼女の収入は、有給休暇分と給料半額となります。同時に二六週間以降、シャロッテが半常勤（デンマークの常勤時間は、一週間三七時間）で出勤する時期は、ペーターも一カ月間半常勤出勤にして、半々ずつにして交替で家にいることにしています。その後、エミールが八カ月になったら、夫は常勤勤務に戻り、シャロッテだけが半常勤勤務にはいる予定です。この半常勤勤務は、早めに乳児保育に預けているエミールを迎えに行くためです。

この産休計画は、ごく一例ですが、現在のデンマークの産休育休制度は、制度の枠内で利用者が自分の生活に合う休暇を設計できることを特徴としていますから、各個人で多様な計画をみることができます。ここからもまた「自分の人生は、自分で決める」ことをライフクオリティとしているデンマーク人の考えが理解できると思います。

しかし、日本から「企業は、どう思っているのだろう」「リーダーがいなくて、部下はどうしているのだろう」「仕事に復帰する際の不安はないのだろうか」というささやきも聞こえてきます。デンマークの企業文化は、「まず家族生活が大事、家族が幸せなら、それがよい仕事につながり、企業に貢献する」という考えです。早くから多くの職場がフレックス勤務時間を導入し、就労者が個人の生活条件に合わせて仕事時間を計画することが可能です。また、デンマークでは、職業別労働組合がとても強いことも挙げられます。昨今の労使交渉で協議の対象となるのは、ベースアップより、休暇の倍増、産休育休期間の何週間を全額給料給付にするか、父親の産休をとりやすい環境づくり、等が議題です。シャロッテに「あなたの仕事は、どうしているの」と聞くと、「みんなが協力して振り分けてやっているみたい。それに人材センターから三人も派遣してもらってクリアしているらしい」と笑いながら答えてくれました。「今は自分の番でもいつかはあなたの番」という共同責任の原理でしょうか。

シャロッテは、職場に一カ月半のエミールをお披露目しに行ったそうです。「もうエミールは、人気者よ。同僚はみんな喜んでくれたわ」と、とても嬉しそうでした。シャロッテ夫婦の生活条件は、男女参画型社会デンマークにおいてごく一般的です。仕事を辞めずに、ほぼ一年間子どもとすごし、経済的にも支えられている、これなら子どもをもっても何の不安もありません。

三　保育園を訪ねて

●フライヤス総合保育園の子どもたち

デンマーク人の朝は早い。工場等の就労時間は六時から午後二時、企業では八時から午後四時がごく一般的です。保育園もこの労働形態にあわせて朝の六時半から開いていて、親の出勤時間にあわせて子どもたちが保育園のドアを開けて入ってきます。朝は、出勤時間にも関わるのであまり保育士と話を交わすこともできませんが、それでも「今日はあまり朝食を食べていない」とか、「昨晩は寝るのが遅くて、少し寝足りないかも」といった伝達をしていきます。朝早く園に来る子どもは、朝食をとることができます。親は、子どもをきゅっと抱きしめて「一日楽しくすごしてね」と、しばしのお別れのキスをして職場に向かいます。

総合保育園〝フライヤス子どもの家〟は、一九九八年に新しく建設され、ロスキレ市がもつ二五カ所の総合保育園のひとつです。総合保育園は、〇歳から六歳の乳児と幼児がいることから「子どもの家」という総称になっています。施設がある場所は、ロスキレ市の北にあたる住宅地で、近所には国民学校（小・中学校）や、ロバやウサギを飼っている学童クラブが隣接しています。

この子どもの家は、運営的にも保育施策的にもごく一般的な施設ですが、訪問してまず驚かされることは、二〇〇〇平米（約六〇〇坪）のゆとりある敷地です。施設の建物の前は、広々とした草が生えている遊び場で、その向こうは緩やかな丘になっており「オーイ!!」と叫ばないと声が聞こえないほどです。これは、首都コペンハーゲンの人が訪問してもうらやむ広さですから、日本からの訪問客にしてみれば、絶句するに値する広さだといえます。しかし、ここはデンマークの保育施設の敷地としても広い方ですが、コペンハーゲンの旧市内の保育園を除き、多くの保育施設の敷地は一〇〇〇平米（約三〇〇坪）内外が一般的です。日本の、特に東京を含む大都市の保育施設の事情を考えると、羨ましい気持ちを通り越して、遊び場にこと欠く子どもたちが気の毒にさえ感じられます。建物は、五九〇平米（約一八〇坪）あり、正面玄関を入ると乳児および幼児たちが私物を置ける写真入りのオープンロッカーがあり、予備の衣類が掛けられています。共同のロビーの奥には、オープンキッチンがあり、調理師がパンを焼いたり、昼食の準備をしたりし

保育園の敷地。小さな丘があり木立もある

ています。二、三人の子どもがきゅうりスティックをグラスの中に入れています。料理のにおい、パンが焼けるにおい、調理師が働いているようすを子どもたちがさりげなく経験できるようになっています。

フライヤス子どもの家保育園の中をちょっと覗いてみましょう。

●乳児グループ

正面玄関を入ると子どもたちのカラフルなロッカーがある共同のロビーがあり、その左側に乳児用の部屋が二部屋並んでいます。それぞれ一二人と一三人の子どもたちの部屋になっていて、ここでは全部で二五名の乳児が保育されています。スタッフの人数は、国の基準に沿って一人の乳児につき〇・三三人、つまりスタッフ一人で子ども三人を見ます。乳児保育が必要とするスペースは、一人の園児につき一〇平米とされています。それぞれの部屋の中は、全体にハイハイで自由に動けるスペースと、マットレスややわらかいクッションがおいてあり、絵本を読んでもらう時やお話をしてもらう時のくつろぎの場所になっています。各部屋にはトイレが完備し、小さな便器とおむつ交換台があります。このおむつ交換台は、ボタン操作で台の高低を調整することができます。こんな設備は、技術の発達した日本なら、簡単に造ることができるでしょうが、この台のもつ意味を知ると「さすが……」と感嘆します。この台は、徐々に台が上がることで幼い子の心理を助け、また

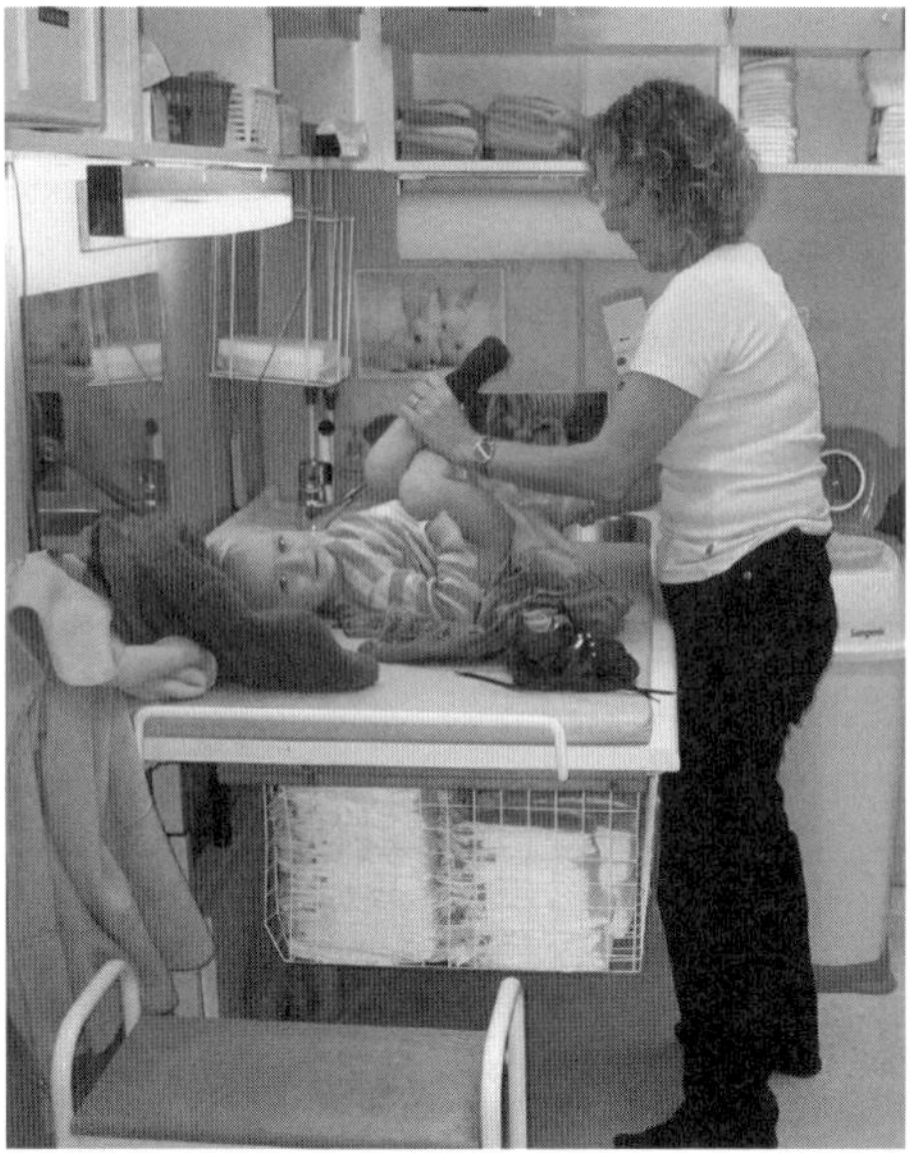

スタッフの腰痛対策も大切。台は電動で背丈にあわせる。自分で上りたい子は、脚立でどうぞ。

「さあ、台が上がるわよ」と期待させることでおむつ交換が楽しくなり、そしてさらには、スタッフの腰痛防止のためにも役立つのです。

デンマークでは一〇年ほど前に、高齢者介護および保育従事者の腰痛問題がクローズアップされ、以降、高齢者介護ではリフトを含めた補助器具の利用、保育分野では身体的負担を軽減させる政策がとられてきました。

乳児室の外壁を利用して建てられている木造のバラックが、乳児の「お昼寝ルーム」です。お昼寝ルームの中で目にするのは、整然と並んだ赤い木製の乳母車です。デンマークの子どもは、乳母車の中で外気に触れてお昼寝をするので、乳児保育も家庭と同様にお昼寝は乳母車なのです。でも半分の乳母車は足がなく、寝る部分だけが床に置いてあります。また、足のついている乳母車に、はしごがかかっているものもあります。この理由を聞いてみると、子どもが二歳になったら安全ベルトをつけることが禁止されているので、子どもが一人で起きてきても危なくないように足をとって低くしてあるそうです。危険ならば、二歳でも三歳でも安全ベルトを着用すればいい、と思いがちですが、対話が可能な年齢に達してからは自分の意志で動きがとれるようにする、という人権的な策です。また、はしごは自分で自分の乳母車に乗る、という自己決定を尊重したものです。お昼寝ひとつとってもいろいろな方法と策があるものだ、と感心させられました。

●幼児グループ

さて、共同ロビーの右側には広いスペースがあり、子どもたちがそれぞれの遊びに興じています。また、スタッフ用の事務室と休憩室の横に、壁がジャングルの雰囲気にペイントされている四〇平米（約一二坪）ほどの部屋があります。部屋の床には、マットレスやクッションが置かれ、子どもたちはジャンプをしたり飛び跳ねたり、大声をあげて楽しんでいます。ここでは、子どもたちがあり余る力を発散することができます。この部屋で遊ぶ子は、「靴を脱ぐこと」を守らなくてはなりません。

幼児保育は、三歳から六歳の子ども四二名が、二二名と二〇名の二グループに分かれ、それぞれの部屋をもっています。スタッフの人数は、園児一名につき〇・一八人ですから、一部屋に三〜四人のスタッフが配置され、それぞれの部屋の入口にスタッフの顔写真が紹介されています。

一応、自分の属する部屋はあるものの、園児は遊びを自分で選んで、保育施設の全体に散らばっています。ジャングル室でジャンプに興じている子、お人形さんで遊んでいる二、三人の女の子、床で自動車を走らせている男の子、ソファに座っておとな（保育士）に本を読んでもらっている子、どこかにぶつかったのか「痛かった」といっておとなに抱きしめてもらっている子、というように、いろいろな場面を見せてくれます。デンマークの保育園では、全員でいっせいに何かをする、という場面もなく、ましてやカリキュラムなどは考えもおよびません。「子ども時代は、子どもらしく」たっぷり遊んで、遊びを通してものごとを悟り、覚えていくプロセスを重んじています。

フライヤスでは、昼食に関して試行的に始めたことがあります。通常、自分たちの好きな遊びに興じている子どもでも、昼食

ジャングルルームで体いっぱい遊ぶ。規則は「靴を脱ぐこと」

時間は一斉にテーブルに座って昼食をとるのが一般的です。しかし、ここでは、昼食時間帯を一一時半から一二時半の枠にし、その中で子ども自身が自由に昼食をとる方法に切り替えました。子どもたちがひとつの遊びに集中しているとき、昼食時間だからといって中断させるより、ある程度の時間の幅を与えて遊びを完結させ、自分で自分の昼食時間を決める、ということが子どもの集中力にはよいのではないか、というのがその理由です。幼児グループの部屋のひとつが昼食場所で、昼食はキッチンの調理師がエコロジー食材を使って用意してくれます。テーブルにバイキングスタイルのようにパン、バター、ゆで卵、ハム、にんじん、きゅうりなどが並び、サイドボードの上には、低脂肪牛乳、牛乳、水が置かれてあり、子どもたちが食品を自分で選べるように工夫されています。自分で選ぶのは、いいのですが、とったものは責任をもって食べることも大事です。「自分の選ぶものは自分の食べられる量で」ということが自然に身についていきます。ここでもすでに自己決定と自己管理の道筋が感じられます。こんな日常の光景でも、自分の決定に対して責任をもつという大事な関係を身につけていくのでしょう。

この椅子だから「自分で座れる」。これも自立の第一歩

子どもが乳児保育から幼児保育に移るとき、昨日から今

日へと一日で変わるわけではありません。

子どもが三歳くらいになり、親との相談で幼児保育に移動することに決まると、スタッフは子どもを連れて乳児室から幼児室に何回も遊びに行きます。もちろん同じ屋根の下なので、子どもにはどこも馴染みの場所ですが、こうして次のステップにソフトランディングするように工夫されています。

幼児保育になると、子どもたちの昼寝のニーズは、個人差があります。乳児保育から移ってきたばかりのおちびさんや、その日はとくに疲れている子は昼寝をしますが、「一斉に昼寝をしなくてはならない」という光景はどこに行っても見られません。

デンマークの冬は寒くて、しかも曇り空の日が多く暗い日が続きます。だからといって屋内に閉じこもった生活ではなく、できる限り外気に触れるように心がけています。ちょっとした小雨には動じません。園外にもよく出かけます。「遊び場が広いのに、またどうして園外に」と思いますが、散歩の途中で道路の渡り方を教えたり、森に出かけて季節の変化を感じたりします。図書館では、自治体の予算で児童劇や歌の行事を頻繁に行っていますから、それにもできる限り参加します。

午後三時頃になると、そろそろ迎えにくる保護者が保育園のドアを開いて入ってきます。四時頃になると、迎えの中に父親の姿も目立ちます。デンマークのオフィスアワーは、八時から午後四時が一般的で、しかもフレックス労働時間を導入している企業も多いことから、母親と父親で送迎時間を調節しています。しかし、仕事の都合などで、たまに計画どおりに迎えに行けない日も当然あります。そのような場合は、私的な問題として祖父母やベビーシッターに頼むなどの策をとります。現在の保育園の六時半から一七時半という開園時間は保護者に尊重されており、延長保育を希望する声はあがっていません。

子どもは親の顔を見つけると、何日も会っていないかのように抱きついて、再会を喜び合っています。デンマークでは、連絡帳という習慣がありません。その代わり、保護者とスタッフはよく話をします。特に迎えの時は親も時間的に余裕があることから、その日の出来事や雑談も交えて、なかなか帰宅の途につけない光景を目にします。

●森の保育園

小さな背中に小さなバックパックを背負って、二〇数名の子どもたちが歩道を二列になって、手をつなぎながら歩いています。その列の脇を、山登りに行くような大きなバックパックを背負った大人三人（保育士とアシスタント）が見守りながら歩いています。保育園の子どもたちが列になって散歩をする風景は市街地のどこでも見かけられますが、バックパック姿で、森の保育園の園児たちということがすぐにわかります。園児たちの保育園は首都コペンハーゲン近郊の「グラッドサクセ森の保育園」といい、三歳から六歳の子どもたちです。

私がこの森の保育園を新聞記事で知ったのは今から二五年も前のことで、すでに保育園はスタートしてから一〇年が経過していました。新聞記事を読んで私は「普通の保育園でも遊び場は広いし、どこでも近くに自然があるのに、なぜ森の保育園なのかしら」と不思議に思い、見学を申し込みました。初めての訪問でまず私を驚かせたのは、三歳になったばかりの子どもが、森の中に転がっている枝や切り株の障害物をたくましく乗り越えて元気に歩いていくことや、自然の産物で空想力豊かに遊ぶ姿でした。

そもそもは、一九七〇年初頭に、「子どもたちを自然の中で育てたい」と願うグラッドサクセ市の保護者数名が集まり、数人ずつ交代で子どもたちを近郊の森「ハースコゥ」に連れていったのが始まりでした。同時に保護者たちのグループは、自分たちの集めた子ども二〇名に同行している保護者三人を雇用する要望を市役所に提出し、それに対し許可がおりて、晴れて自治体の管轄で運営されるようになりました。一般の保育園と大きく違うのは、雨、雪にかかわらず森に出かけることです。それまでの保育の概念は「保育園という建物」があり、そこで保育することのみでしたが、ここに新風が吹き、保護者の「保育の選択肢」として後日急速に全国的に取り入れられることになりました。そして、現在では集合する施設があるところ、または集合場所からバスで子どもをピックアップするところと、運営の形はさまざまですが、ほとんどの自治体が保育の選択肢として森の保育園を設けています。

子どもたちは道路脇の森に入る横道に吸いこまれるように曲がり、小道に入ったとたん「勝手を知った森の中」らしく、一斉につないでいた手と手を放して、横道の右手の高さ二メートルほどの斜面を競って登り始めました。森に入る小道はちゃんと整備されているのですが、斜面を登ったほうが「ほんのちょっと」近道で、何といってもスリル満点です。斜面はそう高くはありませんが、三歳や四歳の子にしてみればけっこうな急斜面で、「あらあら、あの子ずり落ちそう」とか「あっ！　危ない」とつい声を出したくなる光景です。ある子は、小さな足を滑らせながらも這いつくばって少しずつ登っています。ある子は手でバランスをとりながら登りつめます。誰ひとりとして「助けて」という子はいません。ふと気がつくと、上と下に大人がにこにこ微笑みながら何気なく立っていました。私は子どもたちの努力に敬意を表しながら、滑ると困ると判断して、下の整備された小道を歩くことにしました。すると小道脇で年長の子たちがすでに座って「遅いな……」と言いたげな顔つきで待っていました。ここは早く着いた子が待つ、約束のミーティングポイントです。

スロープを登る。自分で見つける自分の道

さあ、これからハースコゥの森に入ります。この森はコペンハーゲンの中心から一〇キロほど北にある国有林で、市民の散策の場所として季節を通して愛されています。春の訪れは一輪草の群生の開花で告げられます。その後、若草色のブナの新芽が顔を出し、やがて深緑の葉となり、夏から秋にかけて森は薄暗さを感じさせます。秋にはブナの紅葉を楽しみ、やがて冬の到来では雪に覆われた地面に葉を落としたブナの枝が寂しそうに天を仰いで立っている風景があります。

子どもたちがブナの木が立ち並ぶ中、それぞれの好奇心を楽しみながら枝をまたぎ、みぞを飛び越えて動いている姿は、さながら樹木の中に遊ぶ妖精のようです。子どもたちが歩く地面は、何年ものブナの落ち葉が積もってできたふんわりとした絨毯《じゅうたん》のようで、温もりさえ感じられます。道すがら虫を見つける子、大きな葉を帽子がわりにする子、大きな枝を手離しがたくて引きずっていく子、そのうちに先頭と最後の距離は大幅に開いてしまいました。でも最後の子に「早くしなさい」とせかすおとなはいません。森の保育園は、基本的にどんな天候でも森に行きます。毎日同じ場所に行くのではなく、いくつかのルートと目的地をもっていて、雨や雪の日は樹木の密集した場所を選び、夏の暑い日は風通しの良い場所や池のある方向に行きます。

三〇分ほどで遊びのベースに到着しました。そこは大きな木立が密集していないスペースがあり、見晴らしがききます。子どもたちはいつものようにバックパックを一カ所に置くと、おとなの目の届く範囲に散らばっていきます。小さなバックパックの中にはお弁当、飲み物、手袋、着替え、靴下がぎっしり詰まっています。もってきてはいけないものは、おもちゃと菓子類です。おもちゃなんて家からもってこなくても、森の中では枝、葉っぱ、松かさなどが立派なおもちゃとなります。菓子類については、みんなに分けられるだけあるのなら別ですが……。あたりには強風で根こそぎ倒された針葉樹の大木が無造作に横たわり、恰好の遊び場になっています。枝のジャングルでかくれんぼをしたり、木登りをしたりしている元気な子どもの声が森に響き渡ります。少し離れたところでは、三人の女の子が切り株をテーブルにしておままごとをしていました。テーブルの上には葉っぱの皿とドングリの実がたくさん置かれています。大人の背負ってきたバックパックの中には、お弁当を食べるときに読んであげる絵本、子どもがキノコや虫を見つけた時に「調査」するルーペ、小枝を削れるように皮むき器とナイフなどが入っています。まだ、ナイフを使い慣れていない「初心者」は、皮むき器で小枝をとがらせていきます。それを卒業するとナイフを使うことができます。ナイフで枝の先をとがらせている子は全神経を集中して「仕事中」です。その横で手も口も出さずおとなが見守っています。「おとなだって忍耐がいるのよ」と言いたげな表情でした。

デンマークの気候は一年の半分以上が寒く、雨が多く、九月には冷たい風が吹き始めます。そんな天気の悪い日はどうするのでしょうか。「まあ、突風の日は行かないけれど、雪でも降ったら最高ね。雪と遊べることはたくさんあるでしょう。ソリで滑れるし、雪だるまも作れるし、雪の上に寝転がって手足をばたばたさせるとエンジェルがたくさん誕生するのよ。第一、天気のことを心配していたら森の保育園じゃないでしょう。私たちおとなも自然が好き、ということが第一条件ね」と、さも楽しそうに話してくれました。

そういえば、子どもどうしのいさかいも、泣く声も聞こえません。おとなの「ダメ！」という声や叱り声も聞こえません。「どうしてかしら」と尋ねると、「自然という大きな空間で子どもたちは体を十分動かし、遊びに集中できる安堵感があるからでしょう」と説明してくれました。自然の産物とともに遊ぶことは、子どもたちの創造力や集中力を育み、遊びを通して自分の限界や可能性を知ることに役立っています。子どもたちは、何年もの季節を生きてきた大木たちに抱かれて、鳥のさえずりを耳にしながら思う存分「子ども時代は子どもらしく」すごしています。

●保護者会とその他の行事

各保育施設は、保護者理事会を構成することが法律で決められています。理事会は、選挙で選ばれた五〜七名の保護者と二名の職員代表によって構成され、施設の運営方針や、自治体が認知している枠内での予算の利用法等を検討します。この理事会の存在は、自分の子どもの毎日を預かる施設の運営に、保護者が影響力をおよぼすことが可能なシステムです。

保護者会は年に二度あり、夜七時頃から行われます。二度の内、一度はテーマに沿って外から人を呼んで講演をしてもらいます。例えば「言葉の発達」や、「児童心理」などが挙げられますが、講演会のテーマなども理事会で検討し決定されます。もう一度の保護者会は、園の運営や子どもたちの日頃の活動内容について、説明や保護者たちとの談話にあてられます。また、クリスマスやイースターのような、一年の大事な行事をお祝いするのはもちろんですが、夏にはバーベキューパーティーがあちこちの保育園で行われています。

●年間計画の義務づけ

デンマークの保育園は、伝統的に「遊び」を重んじ、読み書きの修得を含む教育の場所ではないとされ、保護者も合意しています。しかし、昨今、情報社会のなかにあって今後さらに多様化、グローバル化する社会に生きていく子どもたちの将来のために、保育園がただ子どもを「預かる」だけではなく、より保育目的を明確にするべきだという声があがっています。それを受けて多くの自治体では、自治体の判断により各保育施設に「年間保育指導目的および計画書」を作成し提出することを義務づけました。

この自治体の動きは国会で審議され、二〇〇四年八月に法律として施行され、全国の保育施設に義務づけられるようになりました。この計画書は、保育施設の子どもの社会性、言語力、体力発達における保育目的と年度施設計画を明確にするものです。このことについて「建設的な保育」をする意味でよいとする保護者がいる一方、スタッフ側では「事務的な仕事が増え、子どもに接する時間が制限される」と不満の声も出ています。政府は、この法律が円滑に進められるように一一〇〇万クローネ（約二億円）の助成金を拠出し、園長および保育士対象の講習会などにあてています。

四　子ども時代は、子どもらしく

●見ます、聞きます、話します

デンマークの保育園に一歩入ると、子どもたちがあちこちで、それぞれ自分／自分たちの遊びに熱中し、保育士たちが何気なくそばにいる、という光景が目に入ります。日本で見かけられるような、全員でお遊戯をするとか、歌を歌う、という場面はほとんど見かけられません。私も昔、子どもたちが保育園に通い始めた頃、「先生たちは雑談ばかりして、何も教えてくれないのかしら」と、子どもたちが勝手に毎日好きなことをしているような光景を不思議に思ったこともしばしばで、時には「こんなに自由でいいのかしら」と不安さえも感じた経験があります。

しかし、私がデンマーク社会に慣れ始め納得したことは、デンマーク人の子どもに対する考えが「子ども時代は、子どもらしく」に徹底しているということでした。おとなの存在は、遊びの動機づけをすることやアドバイスに徹底し、遊びを通して知的能力を刺激し、創造力、自立心、連帯性、責任感を養うなど、子どもたちの全人的な育みを基本としています。私たちおとなは「こうすれば良くなる」とか「ああすればおもしろい」と、子どもの行為に手を出し、また教えたくなります。

しかし、ここでは「子どもの可能性を信じて、そばでじっと見守ること」が、子どもの育成に大事なことだと位置づけています。おとなは経験者として子どもの行動をそばで見つめている、ということは、時として簡単ではなく、忍耐さえ要求されます。しかし「見守り」には、子どもが近くにおとながいるという安心感の中で遊びを継続し、それを通して新しい発見、失敗や達成から自己を知り、限界を知り、また可能性を自己努力で見出していくプロセスがあります。そばで「見る」ことが、幼いながらも子どもの自信につながり、ひいては小さな自立心を芽生えさせる、という考えです。

デンマークの保育園でよく木登りをしている子どもを見かけます。子ども自身、自分が怖いと思ったら登りません。しかし「登ってみたいな」と興味を覚えた時に、近くにいるおとなは、その子を抱き上げて一足飛びに高い所に上げてあげることはしません。その子の登る力を見つめ、お尻に軽く手を当ててあげると、その子は、きっと安心し第一歩の足を上げて、自分の登れそうな枝に足をかけます。その日は、それで大満足。そして次の日、また一段上と、自分で自分の可能性を確かめながら、おとなに見守られながら目標に達します。

また、おとなは子どもたちの意見をよく聞きます。一生懸命説明する子、言い訳をする子、それぞれの言い分をきちんと最後まで尊重し聞きます。「子どもだから、黙っていなさい」という言い草は、デンマークでは通用しません。子どもにとっておとなが聞いてくれるということは、自分が尊重された証でもあり、存在を意味づけると同時に、おとなが自分に目を向けていることを感じとれる、大事なことです。時として私たちおとなは、自分達の世界からものごとを判断しがちです。

しかし、子どもたちには、おとながささいなことと判断しても、彼らの範疇では重大なことがたくさんあります。それを同じ目線に立って、ささやかな出来事でも真剣に受けとめてあげる姿勢は、大切です。耳を傾けないおとなからは、子どもは自然と遠のいてしまいます。子どもの言い分をきちんと聞くことによって、次回、おとなが子どもたちに話す際、彼らがおとなに耳を傾ける姿勢が自然と身についていきます。

日本からの訪問者がデンマークの保育士に「子どもによく話しかけますか」と質問することがあります。すると、デンマークの保育士は、「子どもとよく話します」と、「に」を「と」に変えて答えます。どんなに子どもが幼くても「おとなから子どもに話す」という、上下関係の意識ではなく、私達は人間として平等なのだから、「おとなと子どもが話す」という姿勢があります。

それにしてもデンマーク人は、よく子どもたちと話しています。やってはいけないことに対しても「ダメ」というひとつの言葉を与えるのではなく、「どうしてそれがダメなのか」という理由を子どもたちにきちんと説明しています。まだおしゃべりができない幼児に対しても、ていねいに説明します。「そんな小さい子がわかるのか」と疑問に思う人もいることでしょう。でも子どもの理解力は、おとなが考えている以上に優れたものです。このプロセスは、時間の余裕も必要ですし、また「その時」が大事で、「忙しいからあとで」というわけにはいきません。特に幼な子は、現在進行形の話の理解はできても、時間が経過してしまうと、過去のものをひとつだけ取り出して話をする、という作業に困難があります。

ある時、スーパーマーケットで、ママのカートの後ろから三歳くらいの女の子が子ども用のカートを押している母娘連れを見かけました。デンマークの多くのスーパーには、子ども用のカートがあり、「私はここにいます」の目印として長いパイプの先に旗が立っています。

私がこの母娘に目を向けたのは、女の子が「もう飽きた。このカートは、いらない」と訴えている時でした。「さあ、ママはどうするのかしら」という興味から私は耳を傾けていました。ママは、「スーパーに入る時に、私はあなたにカートを使うかどうか聞いたわよね。そしたら『使う』と答えたのは、誰だっけ」とママの問いに、女の子は「私。でも今は、疲れたからもういらない」と答え、それに対し「ママは自分のカートがあって、あなたのカートを押すことができないから最後まで自分のカートを押すのよ、って説明したわよね。そしたら、『最後まで押す』って約束したのは、誰かしら」と、ママ。女の子は、「そうだ、約束していたのだ」と悟ったのか、「私だけど……」と少し観念したようす。さらに母親から「もうカートを押すのがいやなら、自分のカートに入っているもの（みかんとパンでしたが）を元の位置にもどし、カートも入口まで自分でもどしていらっしゃい」と言われた所で、女の子は、「ちゃんと押します」と答え、何ごともなかったようにショッピングを続けました。この光景を見て、ていねいに説明する親に感心し、また女の子の自己決定に対しての自己責任の育みを垣間見たひとときでした。

このデンマークの人々の「見ます」「聞きます」「話します」の姿勢は、幼児時代のみならず学校教育を通して、また社会生活、家庭生活の中でも重んじられている姿勢で、いわばデンマークの人との関わり方の文化のようです。

●グッドナイトストーリー

デンマークの家庭は、夫婦で常勤（一週間三七時間）の仕事をもち、子どもたちを日中、保育園に預けるのが一般的ですが、これに対し日本から「いつ親子の交流があるのか」と心配する声が聞こえてきます。しかし、ここで注目したいのは「質」の問題であり、長時間親子が一緒にいることがいいことだとは一概に言い切れず、短時間でも接触の仕方で十分に子どもたちと密度の高い交流をもつことができます。

デンマークには〝添い寝〟という愛らしい習慣はなく、子どもたちは、幼い頃から自分の部屋のベッドに一人で寝ます。母乳時期の生後半年くらいまでは、両親のベッドルームに置かれたベビーベッドに寝ている場合が一般的ですが、一歳くらいには子ども部屋の自分のベッドに寝るようにしつけられ、両親と子どもとのけじめをはっきりさせます。ベッドは、当然、体の発育とともに大きなベッドに変わっていきますが、デンマーク人のもつ「自立精神」や「個」の育成は、すでに寝る条件から始まっているのかもしれません。

デンマークの夕食時間はけっこう早く、平均的には午後六時頃です。何か特別なことがない限り、両親と子どもが揃って夕食のテーブルにつきます。ママやパパが夕食の片付けをしたりテレビのニユースを見たりしている間は、子どもたちの遊びの時間です。翌日再びママやパパは出勤し、子どもたちは保育園や学校がありますから、ウィークデーの夜ふかしは禁物です。「もう寝る時間ですよ」と言われて、喜ぶ子はそういません。ほとんどが遊びやテレビの真っ最中だったりして、「なぜ？　楽しんでいるのに」と、不満顔をしています。

しかし、「グッドナイトストーリーを読むから、歯磨きして、パジャマに着替えていらっしゃい」という親の言葉で、子どもたちは大急ぎで寝る仕度を始めるのが常です。支度が終わった子どもは、ベッドの上に座って親が部屋に入ってくるのをワクワクした気持ちで待っています。グッドナイトストーリーは、マンガであったり、アンデルセン童話であったり、要は子どもが楽しめるものでいいのです。子どもは母親／父親のひざに座り、小さな体はすっぽりと親に包まれ、耳は親が本を読む声をキャッチし、目は真剣に挿絵を眺めている、という光景はとても微笑ましいものです。子どもは本の楽しさはもとより、親の体温を感じて何ともいえない安心感をもつことでしょう。

お話を終えて「おやすみのキス」をする頃には、子どもは、一日の疲れが出るのか、すやすやと心地よい寝息を立て始めています。おやすみ前の読書の習慣は、親子の育みに大いに貢献し、子どもが成長し自分で本を読める年齢になっても続けている家庭は多くあります。親に本を読んでもらうということは別の醍醐味を感じるのでしょうか。

最近の子どもたちは、テレビ番組のみならず、ビデオ、ＣＤ、さらにテレビゲームなど、座りさえすれば彼らを楽しませてくれる娯楽が氾濫している時代の真っ只中にいます。これらの誘惑に最初に負けるのは、実は子どもではなく、楽をしたいおとなではないでしょうか。しかしながら、子どもたちは、これらの娯楽に接することで、自分の環境以外で使われている言葉や立場を知り、覚えるメリットがあることも否定できません。おとなは、自分の都合に合わせることなく、こうした娯楽を上手く利用できる器量をもち合わせていたいものです。

娯楽の発達に関しては、デンマークも例外ではありません。夫婦が職場から開放される午後の四時、それから買い物、夕食の支度となれば、子どもたちの相手は、テレビ番組やゲームに委ねがちです。しかし、日中、子どもと離れていればこそ、夕方の時間を子どもと遊び、家族全員で夕食をとり、お話を読んで寝かしつけるという数時間を、子どもとの交流として大事にしているのが典型的なデンマークの家庭です。

●抱きしめるというスキンシップ

デンマークの人は何につけよく子どもを抱きしめます。親は子どもを保育園に送った時、迎えに行った時、喜んだ時、悲しかった時とあらゆる場面で抱きしめ、親の愛、親の支援を体で表現しています。保育園や学校においても、おとな（保育士／教師）が同じように子どもに接します。抱かれた子どもは、悲しくて大泣きしていてもぎゅっと抱かれることで安堵感をもち、気持ちを切り替えることができるようです。保育園などでも、仲間が元気に遊具で遊んでいても気分がのらない子どもがおとな（保育士）のひざに座ったり、抱きしめられたりしている光景をよく見かけます。日本とデンマークは、習慣が違うと言えばそれまでですが、私の経験では、実は日本人もけっこう、スキンシップは心地よいものだ、と思っているようです。

日本からデンマークに来る視察団の参加者の多くは、まず訪問先でのあいさつの仕方からコチコチになっているのが常です。お辞儀をするのではなく握手であり、それも「相手の目をきちんと見て握手する」などと説明されると緊張も増してしまいます。それなのに私は、訪問先の多くの関係者をよく知っているという関係上、行く先々で抱き合って再会を喜んでいます。視察団のデンマーク滞在も日数を重ねるごとに、デンマークの開放的な空気につられてか、心も開放的になっていくのが感じられます。ある時、やはり訪問先で再会のあいさ

転んでびっくりして泣く子を優しく包む保育士

つをしている時、視察団の女性参加者が「私も抱いて！」と先方にお願い行動を起こし、その後、「我も」「私も」という状況になったことがあります。

私を含めて私の世代の多くの日本人は、あまり「抱きしめる、抱きしめられる」という習慣で育っていません。「目と目を見つめて挨拶する」ということさえ苦手な国民性ですから、まして「抱きしめる」なんて、とても恥ずかしくて行動に移すことができない人は多くいます。私は、それでも比較的早くデンマーク社会の風習に馴染み、感情を表現するひとつの手段として素直にこの習慣を受け入れることができました。嬉しい時に抱き合って喜ぶことは、嬉しい感情を素直にぶつけることができ心地よいものです。また子どもたちは、何か悲しいことがあって泣いた時や気分が悪い時、じっと抱きしめてもらうことで自分以外の誰かの体温を感じ、大きな安堵を得ることができます。

●体罰はもってのほか、とにかく話そう

世界にはまだ、「子どもたちに対する体罰は必要だ」と考えるおとなが大勢いるのが現状です。しかも、学校教育の中で保護者が教員に「体罰」を希望している、という話も耳にしたことがあります。さらに、家庭では親なら子どもに対して「体罰」を与えるのは、「しつけ」という名目であたりまえと思っている人も少なくありません。しかし、痛さを与えることで、おとなが子どもに伝

えたいことが伝わる効果が本当にあるのでしょうか。体罰に対し、デンマークでは法律で次のように禁止されています。

一九一一年　受刑者に対しての体刑を禁止
一九二〇年　男性が女性および使用人を叩くことを禁止
一九六七年　教員の生徒に対する体罰の禁止
一九九七年　両親の子どもに対する平手打ち（体罰）の禁止

デンマークでは一般的に、「愛情、養護、そして会話が相互尊重を育む」という姿勢を優先し、体罰は最も嫌悪されています。子どものしつけは、子どもを一人の個人として尊重し、年齢を問わず十分に話し合いながら悟らせる行程が好まれ、かなり一般家庭に浸透しています。

これは、一見、気の遠くなるようなプロセスですが、子どもが善悪を見極めるチャンスとしては質の高いものです。「子どもなのだから話してもわからない」などと、子どもの知恵を無視できません。子どもはどんなに幼くとも、おとなが真剣に話して聞かせれば、たとえ言葉を使わない幼児期でも十分理解する力があります。

私の夫の妹は、長いこと国民学校（公立小中学校）の教員を務め、一年前に退職しましたが、教員という職業に誇りをもち、熱心に生徒と向かい合った先生でした。「教員の生徒に対する体罰の禁止」の法律施行は、彼女がまだ新米教員で、いろいろな意味で手探り状態だった時期と重なります。その当時、よく「素行の悪い生徒をどうやって罰したらいいかしら。体罰は禁止だから、耳をひっぱってあげようかしら」と話していたのを覚えています。

家庭でも会話が重視されています。私の息子夫婦たちも、ステファニーの物心がつき始めたときから、会話によるしつけを重視しています。これは、一方的に親が子どもに話し聞かせる場合もありますが、子どもが意見を言ってきたらそれに真剣に答えることも忘れてはなりません。

ささいなことですが、ステファニーが三歳のある時、彼女は私にプレゼントしてくれた花の球根を「もって帰りたい」と駄々をこねたことがあります。花の球根は、彼女が両親と花屋で私のために選び、本人も「ステファニーの花」として別途に買ってもらったようです。祖母の私が「いいわよ。もって帰りなさい」と言えば、きっと簡単に機嫌が直ったことでしょう。しかし、そう簡単にことはすみませんでした。その際、親は、「これは、あなたがおばあちゃんにプレゼントしたものでしょう。プレゼントしたものは『返して』とは言わないのよ」。それでもステファニーは「持って帰る」と意志を曲げません。

そこで親は、さらに「それなら。おばあちゃんはこの前、あなたにスクーターをプレゼントしてくれたけれど、おばあちゃんが『返して』と言ったら、それを返しましょうね」と究極の手にでました。本人はやっと理屈がわかり、それからも遊びにくるたびに自作の「お絵かき」や「ビーズの首飾り」などのプレゼントを私にくれるのですが、その時以来、「もって帰る」とは言いません。

しかし、デンマークの人も、いつも冷静なわけではありません。会話ですべてが理解に通じるというわけではありませせし、時と場合によっては親も憤りを押さえられない状態に陥り、大声を張り上げることももちろんあります。そして、また、親が真剣に怒っているのだ、ということを子どもにもしっかり悟らせなくてはなりません。そのような時、私は子どもたちに「そこに座りなさい」ときつい口調で指示しました。目を吊り上げて怒りをあらわにしている私を見て恐る恐る座っている子どもたちの姿が、今でも目に焼きついています。そこで彼らが何をしたのか、それはどういう行動だったのかをおさらいし、それに対して本人たちの意見を聞いてみました。子どもたちは、真剣な親の顔の前で自分の行為の善悪を冷静に考えたのでしょう、「ごめんなさい」の言葉を聞くことができました。

体罰より、「会話」重視の習慣は、親と子どもとの関係のみならず、子どもたちが育っていくあらゆる社会の中の人間交流に必要とされています。子どもたちは、保育園、学校、そして社会へと自分の置かれる環境が変化していく中で、「会話」によって自分の意見や意思を表現し、同時に相手の会話も尊重する姿勢を育て、自分でものごとが判断できる人物に成長するのではないでしょうか。

おとなが子どもに体罰を与える方法は、痛さで自分の行動を反省させる、とも言われてきました。しかし、これは、ただ単におとなの怒りのはけ口にすぎない場合も多くあります。親の言う通りに子どもが行動しないので、親のメンツを失うことに対してのイライラやストレスの表れとして、おとな自身が自分の怒りをコントロールできずに手を出す場合が多いのではないでしょうか。

一方、子どもは体罰を受けて反省するどころか、逆に悔しさが増すばかり。痛さも加わって、何をしてしかられているのかさえ判断ができなくなるかもしれません。大人のメンツや権力など、子どもと接するときは不用です。必要なのは子どもたちと同じ目線に立って話し合う力だと思います。

「ぶたれて育った子どもは、おとなになると同じように子どもをぶって育てる」とよく言われ、そうして悪いことがめぐり回ってくることをデンマークでは社会的悪循環といいます。それより「愛されて育った子どもは、愛情をもって子どもを育てる」という好循環をめざしたいものです。

第三章
みんな違ってあたりまえ

小さくても、デコボコでも、みんな同じイチゴ

一　学校が大好きな生徒たち

●教育は、何のため？

私は長いデンマーク生活を通して、あらゆる年齢層のデンマークの男女に会い、誰もが自分の意見と自分の生き方をもつ、自立した国民であることに、日本との大きな相違を感じています。夫の祖母も母も「できる限り自分の生活は自分で」が口癖で、祖母は九〇歳まで、また義母の場合も認知症（痴呆症）が重度になり、介護住宅に入居するまで一人住まいを続けていました。また、就労者の八一％は、自分の選んだ職業に大きな満足感をもち、アメリカやヨーロッパの国々の中でも満足度のトップの位置を占めています。学生たちは、自分で敷いた人生のレールの上を、時には途中下車しながらも目的に向かって歩んでいます。

私はかつて、日本の学生に「あなたたちが考える自立とは、何ですか」と尋ねたことがあります。彼らの答えの多くは「両親から離れて独立すること」でした。それもごもっともですが、自立とは、両親から離れるという位置的なことだけではなく、「自分でものごとを考え、判断でき、それに対して責任をもつこと」ができる人間像ではないでしょうか。自立心は、今日明日に出来上がる性質のものではありません。子どもが生まれてから関わる家庭、教育、社会が同一の価値観をもち、おとなの受け皿と後押しを得つつ、育んでいくものだと思います。

そして、そうした価値観を浸透させる役割は、教育によるところが大いにあります。私が日本の教育とデンマークの教育を概観してみると、「他人と競争するしくみの日本」と「自分との競争で自らを発展させるしくみのデンマーク」の違いがあるように思えます。

デンマークの教育の位置づけは「生きるため」です。そして、教育は社会が求める〝人資源〟と密接な関係にあり、自分で物事が判断できる「自立した人間像」づくりを明確な目標としています。また、こんにちでは経済市場のグローバル化に備えて、国際競争に対応できる人材という視点もさらなる重要な目的としてあげられています。それらの目標を達成するために、国と労働市場は密接な協力関係をもって教育にあたっていることは言うまでもありません。デンマークの若者は、幼いころからの自立の育みをえて、「自分は何の職業につきたいのか、その職業をもってどんな人生を送りたいのか」を考え、教育機関にたどりつきます。デンマークの就労者の多くが自分の仕事に満足感を得ているのは、何といっても「自分で選んだ職業についていること」が大きな理由といえます。

●職業意識の芽生え

私の娘、長女で末っ子のナナミが、国民学校（参考資料＝巻末）の八年生（日本の中学二年生相当）のある日、「モア（お母さん）は、大きくなったら何になろうと思ったの」と不意に私に質問してきました。彼女の質問の真意を知らないまま、「そうね。いいお母さんになろうと思った」と答えましたが、「お母さんなんて、職業じゃない」と、私の答えが彼女の質問の意図から外れていたらしく、不満そうな声が返ってきました。私の答えは、私の年代の日本女性が漠然ともっていた一般的な将来像だと思いますが、ナナミが期待していた答えは、もっと具体的に職業に関連したものでした。そういえば彼女は、もう八年生。そろそろ、義務教育後の進路を決定しなくてはなりません。

日本の中学校の生徒は、その後の進路として高等学校に進学するのが一般的で、悩みはどこの高等学校に入るかにつきます。それはそれで大きな課題ですが、デンマークの生徒は、同じ時期に自分は将来どのような職業につき、どういう人生を送りたいのか、違った意味で難しい選択をしなくてはなりません。デンマークの場合、社会は多種多様な職業で構成され、それを支える「人材」は、それぞれ「かけがえのないデンマークの資源」と考えられています。そして教育は、将来彼らが何らかの労働市場の担い手となることを前提としているので、教育を受ける意味がより現実的で、生徒一人ひとりの人生の目標も明確になります。

しかし、生徒個々がもつ興味、学習度、技術度は当然異なっています。学業が好きな子どももいれば、実践に向いている子どももいます。また、デンマークの教育省は、労働市場を大前提として、誰にも何かが修得できるように多種多様な進路を用意しています。しかし、一五、六歳の子どもにしてみれば、ここで将来の職業を決め、それに沿った教育機関を定めるのは、至難の業です。ナナミが、私に何気なしに職業について聞いてきたのも、彼女なりに将来の自分像を模索していたからでしょう。

●スクールアドバイザーの役割

国民学校の六年生の男子が、初めてスクールアドバイザーと面接しているところを訪ねました。アドバイザーは生徒と向き合い、「将来進む道」を語り合い、それに対して本人の学科の「強い分野」や、「これから頑張ったほうがいい学科」を話し合い、「私の計画」というファイルにまとめていました。これは九年生（中学三年）卒業後の進路を見据えての話し合いで、八年生になるとさらに現実的な進路相談があります。「どういう計画を立てたの」と聞くと、「僕は多分、ギムナジウム（高等学校）に進むと思うから、そうなると七年生からの選択授業でドイツ語をとらなくてはならない」とギムナジウムに進学するにあたり必要な学科をとることに決めるそうです。これがこの生徒のこれからの長い人生を計画する第一歩の踏み出しでした。

デンマークの教育省は、国民学校の義務教育修了後の進路を指導するスクールアドバイザーおよび、中等教育卒業後の高等教育および職業の指導にあたるスタディーアドバイザーシステムを実施しています。このシステムはすでに一九七五年に教育および職業情報アドバイス制度として法律化

6年生。初めてスクールアドバイザーと将来を語る

され、学校の教員が教育省の特別講習を受けて自分の学校の授業担当とアドバイザー役を兼任し、最高責任者は各学校長というものでした。

ところが、職業学校を含む中等教育をドロップアウトした若年層が一九九三年からの調査で年平均一五%にのぼる、という結果を受けて、二〇〇四年八月にアドバイザーシステムの強化を計るため、大改正が行われました。これによりアドバイザーは専門職となり学校長の管轄下から教育省の管轄に移行され、義務教育から中等教育への進路アドバイスは全国に四六カ所のセンターに配属されたアドバイザーが担当し、数校を兼任しています。また中等教育から高等教育への進路アドバイスは全国七カ所のガイダンスセンターで行われ、ここは二五歳以下で義務教育のみ修了の若者の再教育の相談にも利用されることを見込んでいます。

教育省はこの制度改正をもって、義務教育を修了した若者全員が、何かしらの資格を取得し、社会保障の受給者となるのではなく、積極的に社会参加する人材になることを期待しています。

「将来を観る」ということは、難しい課題です。だからこそ、デンマークの学校では六年生が初めてのスクールアドバイスを受ける前にも、段階的に労働市場について情報を与えています。子どもたちの国語がＡＢＣから始まり、そのアルファベットで単語を書き、文章を作成できるようになるのと同じプロセスで、進路に関しての情報と知識を与え、自分自身の将来の展望ができるように指導することが大事なのではないでしょうか。低学年では、まだ自分と職業という関係ではなく、社会の中にどのような職業があるのかを、教員が機会を見て授業の中に取り入れます。たとえばある学校では、毎日の時間割を休んで年間三回行われるテーマウィーク（課題学習週間）に取り上げることもできます。またある時は、保護者を招いて仕事の内容を話してもらう、というかたちもとられますが、これはあくまでも子どもたちに職業の情報を与えるにすぎません。

国民学校の生徒を担当するアドバイザーは六年生から九年生までの生徒をフォローしますが、最初の個別ミーティングで作成された「生徒の希望、考え、教科の得意な点、弱点、興味」などの記録を追って、次のミーティングで再度記録ノートを見ながら、たとえば「考えが変わった点、考えを変えなくてはならない意味、または最初の目的にまい進しているか」等が話し合われます。

●労働市場の味見

アドバイザーは個別ミーティングの他に、八年生と九年生の校外社会体験実習の指導を行います。この体験実習制度は、教育法に定められていて、一週間または二週間、学校を離れて社会に存在する仕事を体験するもので、決して将来の仕事につなげるという目的ではありませんが、けっこう子どもたちは「自分に何が適しているだろう」と考えるようです。自分の将来の職業とは関係ないといえど、生徒は「どこがいいか」と、かなり真剣に考えます。どこで実習するかは、保護者が自力で探してくることも可能ですが、多くはスクールアドバイザーが、すでに学校が所在する自治体内の企業、団体、施設に協力の取り付けをしている場所が提案されます。

わが家の例では、アドバイザーのアレンジで、長男はデンマーク国鉄の技術部、次男はホテル内のレストラン、長女は保育園で実習を行いました。時折、電車の中で実習生のバッヂを胸につけ、車掌の横にくっついてチョコチョコ車内を歩く姿や、ホテルのレセプション等でも実習風景をよく見かけます。自治体によっては、九年生の実習を二週間行う学校もあります。この場合、実習二週間目に担任が各実習場所を訪問し、生徒と受け入れ側の反応を確かめます。たかが一週間とはいえ、学校の机を離れて社会の空気を味わうことは、子どもたちにとって新鮮な体験です。実習受け入れ先としては、右も左もわからない一五歳の子どもを一週間預かるのですから理解が必要ですが、「未来の社会を担う人材とすれば協力も惜しまない」ということでしょうか。

このようにして、個人別に異なる希望と適応力に応じて進路指導するほか、校外社会体験も指導するスクールアドバイザーシステムは、デンマークの若者が自分の道を決定していく過程で重要な道案内となっています。

●高等学校に入るということは

長男アキも次男タローも一般高等学校（ギムナジウム）に進学を希望しました。彼らはすでに、将来、工科大でエンジニアの修士課程を学び、エンジニアの資格をとることに決めていたので、大学に進む門としてギムナジウムを選びました。長男は、義務教育九年間の上の一〇年生に進むことにしました。一〇年生とは、就学前に設けられている幼稚園クラスと同様に任意教育で、義務教育後の進路に迷いがある場合や、また自己熟達のために用意されているクラスです。長男はその後、ギムナジウムに進学しました。それから三年後に次男の番になりました。彼も、自分の将来の道を模索していたのでしょう。その将来像の中に、どうも「かっこいい」というのと、「高給取りらしい」という漠然とした理由から、飛行機のスチュワードの姿もあったようです。

ある日、彼はわが家に時々遊びに来ていた日本人のスチュワーデスに、自発的に聞いてみました。彼女は、「私は日本ベースの雇用条件だから、デンマーク人のスチュワードに聞いてみましょう。質問状を書きなさい」と次男に促し、彼はさっそく、聞きたい項目を紙に書いて彼女に渡したようです。数日後、スチュワーデスが返事をもってきてくれました。答え・ギムナジウムを卒業すること「質問・スチュワードになるには、何の教育が必要か。

質問・給料は、いくらか。　答え・君が想像するよりよい」ときちんと彼の質問の下に答えが書き込まれていました。この内容を読んで私たちは、微笑ましくも、また質問は簡素だけれど大事な箇所をついている、と次男の行動に拍手しました。彼は結局、スチュワードにはなりませんでしたが、彼なりに将来を考えていたことは確かだし、また、スチュワードも「子どもの質問」だからこそ、きちんと答えを返してきた姿勢に、また、この国の社会性を見た思いでした。次男は、義務教育後はギムナジウムに進学することを決めていましたが、彼は兄のように一〇年生に進み、それからギムナジウムに進学するかどうかが問題でした。ところが、兄の時代からわずか三年の間に「一〇年生のクラスの存在意味が、発達性に欠けている」という評判が社会的にもちあがり、結局次男は九年生を卒業して、直接ギムナジウムに進学することに決めました。

デンマークには、高等学校に入学するにも、また、その上の大学に入学するにも、日本のシステムのように入学試験というものはありません。高等学校に入学するのに必要なのは、「本人の意思」「国民学校が高等学校入学に対し本人の適応性があるか、を言及できること」「九年生か一〇年生を卒業していること」の三項目が問われます。それらがクリアできれば、進路はギムナジウムに決定します。

長女で末子のナナミは、九年生を卒業後ギムナジウムへの進学希望を出していたことについて、九年生進学直後に行われた三者面談で、「ナナミは積極的に手を挙げて発表する機会が少ない。ギムナジウムは、かなりの発表力と積極性が求められるので、環境にのまれてしまうのでは。九年生から直接進学するのではなく、一〇年生に進学して、もう少し成熟してからにしたら」と提案されました。しかし彼女は、一〇年生進学を拒否し、頑として九年生から直接ギムナジウムに進学をすることを希望しました。「それなら、これからどんどん手を挙げて、あなたが発表力のあることを先生に見せなきゃね」と作戦をねりました。

その成果があったのか、彼女は九年生を卒業して、ギムナジウムに進学がかないました。ナナミがギムナジウムに進学した理由は、兄たちのエンジニアになる目的とは違って、まだ彼女の中で職業的にも学業的にも将来像が明確ではなく、それならギムナジウムに入学して一般教養を学んでおこう、というかなり漠然とした理由からでした。

また、大学教育進学に関しては、高校卒業時に行う高等学校の卒業資格試験にパスした者が大学進学資格を得ることができます。ここまでの話を聞けば、「ヘェー、デンマークの若者は楽でいいね」という声が聞こえるようです。しかし、「行きはよいよい、帰りは怖い」。入ってから卒業するまでの三年間、次のステップである大学教育の進路に関わる資格を得るまで、ハードワークが待っています。高校生は、入学したのはいいけれど、在学中の成績が卒業資格にも影響し、さらに卒業資格の平均点いかんで次の進路が左右される、となったら、おちおちしていられません。国民学校から希望を出して高等学校に入学したのはいいけれど、「自分の来る場所ではなかった」と、能力的・環境的に不適当と自己判断または学校側の判断で、他の教育に進路変更する生徒はけっこう多く、二〇％にもなります。

高等学校卒業資格試験は、通称スチューデント試験（Studenteksamen）と呼ばれ、この試験にパスした生徒は「スチューデント」と呼ばれます。資格試験で出された点数は今後の進路の重要な指針であり、一生ついてまわる大事なものです。また、デンマークの高等学校での授業風景は、討論形式や数人で構成するグループワークが多く、教員が黒板の前で授業を独占し、生徒が必死でノートを取る、という一方通行なかたちではありません。個人あるいはグループワークのレポート作成も多く、クラスメートに発表し、それに対して討論する、というプロセスを大いに経験します。生徒たちは、すでに国民学校でグループワークや教員と意見を交わし発言するピンポン形式に慣れているとはいえ、高等学校ではさらなる高度な連帯意識、自己開発、発表力が求められます。そして、三年目の最終学期に卒業資格試験であるスチューデント試験を迎えます。

●自分との競争

デンマークの教育現場で試験が行われ、その成果が数字で評価されるのは、国民学校の八年生が最初ですが、その国民学校での試験は任意試験です。希望がなければ受ける必要はありませんが、実際にはほとんどの生徒が受けています。教育課程での成績は〇〜一三のうち、〇、三、五、六、

七、八、九、一〇、一一、一三の一〇段階評価方法がとられています。数字は、六が平均で、一三は類をみない完璧な成績を表します。ギムナジウムでの試験は厳粛であり、学生がその時期には、ぴりぴりするほど深刻なものです。わが家でも子どもたちが八を取ってきたときは、「よかった」とほめ、一〇、一一を取ってくると「すごい」と拍手し、一三は、それこそ稀なので「信じられないくらい、すごい」と労をねぎらいました。何しろめざす高等教育に適応する点数を取らなければどこにも通用せず、三年間の高等学校生活がふいになってしまう危機感もあるのですから。「他のクラスメートが何点を取ったか」に興味を注ぐのではなく、あくまでも自己発達が興味の中枢であり、自分の平均点を上げていくことが最大の関心事なのです。

たとえば、二〇〇三年の入学資格点数は、

保育士養成学校　七・三点
コペンハーゲン大学医学部　九・六点
獣医　九・七点
工科大　八・五点

卒業資格試験で出た点数を提出し、これらの数字を目安に検査され、六月下旬に入学許可・拒否の通知を受け取ります。入学資格点数は、固定されているものではありません。毎年、労働市場の需要と供給の割合によって、点数が上がったり下がったり、また点数のみならず、採用する人数も変化します。労働市場のニーズがないのに、費用をかけて学生を教育しても、就職口がなければ費用の無駄遣いです。国と労働市場は、この需要と供給のバランスを常に将来の傾向に照らして見極めつつ、正しい判断をしていくことを求められています。

わが家の子どもたちが試験を終えて帰宅する姿で、その日のできばえが推測できました。ちょっと首をうなだれ、黙って玄関を開けて入ってくる日などは、本人の期待に反して点数が悪い時で、自分の平均点が下がってしまう、と悔しがっていました。それと反対に上位の点を取ってきた日などは、鼻歌まじりに帰り、玄関先で大声で点数を披露したものです。

子どもたちの勉強する姿を見ていると、誰かのための勉強ではなく、彼ら自身の自己発達のため、また彼ら自身の目的のための勉強であるということが見えてきます。

●スチューデント帽をかぶれる日

昼が一年で一番長い日を祝う夏至祭の時期にデンマークを訪れる人は、白のキャップ帽を頭にし、何かとても誇らしげに歩いている若者を見かけることでしょう。その白いキャップ帽は、彼らが三年間のハードワークをくぐり抜け、ついに高等学校卒業資格試験を取得した証であるスチューデント帽なのです。卒業の日は、格式ばった日本の式とはまったくちがって、卒業生たちの歓喜が直接私たちの心に響く、デンマークならではの祝い方です。

一九九七年六月、花々が得意げに咲き誇る美しい夏の日、末っ子の長女ナナミの卒業式がありました。午前中に卒業証書を渡される式典があり、それに参加するために夫婦で出かけました。講堂には、スチューデント帽をかぶった卒業生が前列に、保護者その他がその後ろに座っています。卒業式は司会者もなく、校長先生が卒業証書を渡し、卒業祝いの言葉を述べ、その後のアトラクションの紹介まで、一人で何役も気さくに仕切っていました。校長は、卒業祝いの言葉として「あなたたちは、今、福祉社会の中で生活しています。この福祉社会は、昨日、今日で築かれたのではなく、あなたたちの両親たち、祖父母、そして曾祖父母たちによって築かれてきた社会です。あなたたちは、この福祉社会の一員として責任をもって行動してほしい」と述べ、社会的合意の理念が伝わっていく機会を知ることができました。でも、卒業生側から教員たちにお礼の言葉がちっとも聞こえてきません。いつ述べるのか、と思っていたら、卒業生の一クラスが壇上に並び、重たいメロディーに合わせて歌い始めたのが、「三年間、つらい日々だった。私たちは、勉強の奴隷だった」というユーモアたっぷりの替え歌のコーラスでした。

午前の式が終了し、私たち夫婦は、大急ぎで自宅に引き返しました。実は、これから卒業生が、後輩によって車の周囲を草花で装飾されたトラックで、クラスメートの自宅を巡回してくるのです。わが家への到着は、およそ午後一時と予定されていました。これは、「最後のほうになると、かなり酔っぱらっているから」という娘の配慮だったようです。それぞれの家には、一〇分程度の滞在ですが、家庭では、ビール、ソフトドリンク、果物、チップス、軽食などを用意して待っています。

わが家は、上の息子たちの時にも評判がよかった「鳥の唐揚げ」を用意しました。草花で飾られ

スチューデント帽をかぶったお祝いパレードの日

たトラックは、卒業生たちを乗せて家庭から家庭へと巡回します。トラックの上の自称「学問の奴隷」だった学生たちは開放感にあふれ、大きな声で歌を歌い、声を張り上げ、ラッパを吹き、私たちにも喜びが伝わってきます。沿道の人々も、「おめでとう!」と、声を投げかけます。わが家にも、今日の日を一緒にお祝いしてくれる、家族、友人、近所の人たちが集まってきました。

「プープープー」というにぎやかなラッパの音とともに、わが家にトラックが到着しました。トラックから降りてくるナナミのクラスメートは、迎える私たちに握手をしながら「ナナミの卒業おめでとう」と、それぞれお祝いの言葉を投げかけて私たちを感動させました。案の上「鳥の唐揚げ」は大ヒットで、四キロ以上揚げたはずなのに、跡形もありません。ほんの一五分ぐらいの滞在でよく食べ、よく飲み、次の家庭へ出発する時には、彼らはビール瓶を一本手にもっていくこともちゃんと忘れませんでした。再びトラックに乗り込み、今、萌える六月の新緑のようにみずみずしい若者たちは、ラッパの音とともに道路の向こうに消えていきました。

●一八歳は、子どもから大人へ

「子どもが家にいるのは、一八年間くらいの短い間だから、楽しみなさいね」と、よくデンマーク人は言います。実は「一八歳」は、デンマークの若者が成人とみなされる歳で、自分の住む自治体に個人住民登録がされ、自分の財産を管理することができ、選挙権・被選挙権、運転免許取得など、すべての司法的権利を得る歳でもあり、人生のひとつの大事な節目の歳でもあります。中でも選挙の投票権の取得は、本人の自覚もさることながら、はたからみても大人を感じさせます。初めての選挙に胸をワクワクさせ、同時に秘密的な投票にちょっとニタニタ顔で臨む姿は、微笑ましく映ります。

一方、親は、一八歳以上の子どもを扶養する義務が法律上なくなり、国から子どもの誕生以来支給されてきた児童手当が打ち切られます。子どもたちもこの年齢に達する頃には、誕生日やクリスマスのプレゼントに、自分の好みの食器や生活用品をプレゼントに希望し、親元を離れ独立する心構えをのぞかせてきます。デンマークの子どもたちは、幼い頃から、たとえば「あなたはどう思うの」と個を尊重され、小さな子でも外野におかれず必ず意見を聞かれながら育っています。また同時に、親や社会は、子どもたちが決定の場に参加することを社会理念として大事にしてきました。このことから、子どもが成人年齢に達する頃には、一人の個人として「自分でものごとを考え、判断できる」人間性が育っています。親の巣は、親が自分たちの思いを積み重ねて作り上げたものです。個人が育てば、自分の思いで自分の巣づくりをしたくなるのは、当然のことです。

成人したわが家の子どもたちを、距離をおいて見ていると、三人とも自分の受ける教育、その教育をもって就く仕事、そして歩む人生を、彼らなりに真剣に考えながら歩んできたように思います。〝確かで安全な人生の道〟というのは誰にも予測できるものではありません。しかし親が彼らの幸せを願うあまり、親の考えをもとに彼らの行く道を決めるものでもありません。

私は、「私は子どもたちではないし、子どもたちは私ではない」「個々の人間として尊重しなくては」という考えを常に念頭におくことにしています。「人生をすごす社会という森」に、自分の羅針盤をもって、時には南方向に、時には北方向にと揺れながら、自分の方向を自分の力で見つけることが、やがて自信につながり、人間性が育ち、どんな人生を歩もうとも結果的に「自分らしい人生」として受け入れることができるはずだと思います。

では、親はそんな子どもたちをただ、漫然と傍観していればいいのでしょうか。いえ、いえ、「透明なアンテナを張って、傍観者らしき姿勢」でいることが極めて重要です。でも、これは、やさしいようで、けっこう難しいものです。私は、時期的に、子どもがトイレのドアに鍵をかけ始めた頃（思春期）には、子どもは、懸命に「自分」で歩み始めていると悟り、親はアドバイザー役、もしくは人生の安全ネットの役目に徹すればよいという考えでした。しかし、それ以前に何よりも大切なことは、子どもと親が話し合える環境づくりができているかどうかです。幼い頃から、子どもの意見が親の意見と違うという場合でも真っ向から反対するのではなく、親は「そういう意見もあるものだ」とまず肯定し、その上で、親の意見を子どもが考える材料として提起する努力は、子どもたちと会話をもてる環境づくりにつながるかもしれません。

何はともあれ、一八歳の誕生日は、親の保護を離れ、自分の人生を自分で管理し、責任をもって歩んでいく人生の大切なひとつの節目の歳として、いつもの誕生日のお祝いより盛大に、そして、ちょっと格式ばって開かれます。

●ＳＵという公的経済援助

デンマークでは、六歳で国民学校の幼稚園クラスに入学してから義務教育を経て大学教育に至るまで、教育費はすべて公費でまかなわれます。また、国は、教育に資本を投じるのみならず、教育を受ける者にも生活費となる学生援助金（通称ＳＵ）という資本を投じています。このＳＵは、一八歳以上の教育下にいる者に対し、教育支援制度ＳＵを設けて、次の二種類の給付で学生生活を経済的に支援しています。

1．返済義務のない学生援助金（SU奨学金）

2．低利子で返済義務があるローン（SUローン）

学生の多くは、返済義務のない学生援助金のみで生活をし、足りない分は、週末や夏休み等の休暇を利用してアルバイトで補っています。この援助の対象となるのは、国が認知している教育機関で教育を受けることと、デンマーク国籍であることが条件ですが、外国からの学生もある一定の条件を満たせば援助を受けることができます。給付を受けられる種類と期間は、申請者（学生）の年齢、申請者の経済状態、両親の経済状態などに基づいて決められます。SUは課税対象で、学生といえども、援助金であろうと収入には変わりがなく、援助を得る権利と引きかえに納税の義務をしっかり果たします。

二〇〇五年の規定では学生が一八歳、一九歳で実家で生活している場合、最低一〇二二クローネ（二万九四〇〇円）、最高二二九六クローネ（約四万三六〇〇円）で両親の収入如何で支給金額が決定されます。「実家で生活している学生にも約二万円の支給？」と驚くほどですが、高等教育に求められる参考書が高価なことや、全学生の公平さを考慮しての支給のようです。しかし、現実的には「カフェマネー」等と言われ、SU制度の検討会のたびに討論対象となっています。

実家以外で生活している学生の場合、最低二九六一クローネ（約五万六三〇〇円）、最高四六一八クローネ（約八万七七〇〇円）で両親の収入如何で支給額が決定されます（ただし、一クローネ＝一九円、二〇〇五年七月現在）。

この他に、妊娠している学生、子もちの学生、障害のある学生などに適用される特別加算支給もあり、経済力が教育を受ける上での障害にならないように整備されています。

「デンマークの学生は恵まれている。これなら誰でも大学に入れるじゃないか」、また、「親は教育費がかからなくて楽だ」ととっさに思いがちです。しかし、公費での教育は本人の目的、学力そして適応性が明確であることが求められ、「とりあえず」で入学するわけにはいきません。また、労働市場の需要と供給のバランスは常に課題とされ、目的なしに大学生が増加し、その結果失業者の増加をみることは、福祉国家としての社会的負担を増すため、避けなくてはなりません。

また、親には、ある意味で教育費の負担はありませんが、教育費の源となる国、県、市税として収入の平均半分を納税しており、間接的に子どもたちの教育費を支払っているわけです。直接わが子が教育費を親に依存することがないというのは、両者に貸し借りの関係を育てず、精神的・経済的自立の意味で効果的です。そして、今、教育を受けている学生は、やがて社会に出て収入を得て、納税者となり、高齢になった親の世代を介護・看護面で支える、という循環システムなのです。

●給料をもらって職業教育

日本では「高等学校が義務教育化されているのでは」と錯覚してしまうほど、ほとんどの生徒が人生の当然な進路のごとく高等学校入学をめざしています。同時に高等学校以外の教育機関が市民権を得ているとは言い切れず、学習より実体験に才がある者が普通高等学校で違和感を感じるのも理解できます。

デンマークの義務教育修了後の青年期教育（後期中等教育）への進路を二〇〇三年の報告から見てみると、ギムナジウム（大学教育資格取得高校）に進んだのは五四％、職業教育は三六％、その他の青年期教育に七％が進んでいます。また、ギムナジウムから、短期大学を含めた大学への進学者は七八％（二〇〇二年）です。学習より実体験をもって学ぶ方法を選択した四三％の生徒は職業教育に進学しています。

教育省は一九九三年の教育改革で「みんな違ってあたりまえ」という行動計画を打ち出し、多種多様な青少年のニーズに対応すべく、必ず何かを見つけ出すことが可能なように、きめ細やかなプログラムで職業専門学校を含む青年期教育を設けています。

職業専門学校の教育分野は、私たちが生活している社会をぐるりと見渡してみても、介護をする人、ショップで販売する人、肉をさばく人、レンガ職人、溶接工、電気工、自動車修理工、大工、配管工、ドライバー、美容、縫製、農業……など、まだまだ多くの職業をみることできます。

この職業専門学校の教育方法は、古くからある、ヨーロッパのギルド制（徒弟訓練制度）の現代版で、職場での実践と学校での理論のコンビネーションで、通常四年間にわたって教育を受けるシステムです。学生は、学ぶ職種の雇用主に就職し、現場で数カ月の実習をした後、学校に数週間登校して理論を学び、また現場にもどることをくりかえしていきます。職場で実習生または見習いは、労働力として働いているわけですから、雇用主から彼らに給料が支払われ、職場での実習を離れて学校で理論教育を受ける期間は、一八歳以上ならＳＵを申請することができます。見習いや実習生の給料は、無論一般の給料より低いので、見習・実習期間中は贅沢できませんが、職業教育を卒業した暁には、職人という資格を得て、給料も職業別労働組合の基準に沿って支給されるという光があれば、苦痛にはなりません。

また、最終試験（多くは技術テスト）にパスすると、晴れて職人となり、給料は、職種別労働組合の規定に準じて支給されます。

私たちの社会は、学問だけで成り立っているわけではありません。いろいろな人材が多方面で活躍するからこそ、私たちの生活が支えられているのです。

このようにして、デンマークでは、進路変更のための再教育も含め、働く者の教育を重視して、教育と労働市場が密接な関係をもって熟練者を社会に出す努力をしています。働く者は教育を受けることで自信をつけ、人生の付加価値をつけ、結果的に働く喜びをもつことにつながります。

●子どもたちの巣立ち

わが家の二人の息子たちは、それぞれ国立工科大学に進学し、五年半の教育期間中、ＳＵの支給で生活をやりくりしていました。長男は二〇歳でギムナジウムを卒業し、同時に学生寮を申し込んでいましたが、なかなか空きがなく、二年間は自宅から一五キロ離れた国立工科大まで雨、風、雪に負けることなく、自転車通学をしていました。やっと大学二年生になった時に、工科大の近くの学生寮に入居が可能になりました。デンマークの学士・修士教育機関は、全国に一二カ所しかありません。そのため、学生たちは自分の目的とする勉強をするには、大学の近くまで移動することを余儀なくされます。学生寮は、全国に三万五〇〇〇室ほどしかなく、高等教育を受けている総学生数の約一八％分です。あとの学生は、賃貸アパート等に一人で住む、または探したアパートを友人とルームシェアし、家賃を折半して支払う等の方法で住居をクリアしています。また、この数年コペンハーゲン等にみられる傾向として、両親が買取アパートを入手して子どもに貸すという方法も、住居問題を解決する一策としてとられています。

現在のデンマークでは、地方から出てきて、都心に住む叔父や叔母を頼って居候するというのはほとんど皆無で、学生たちは自分の独立した居場所を求めます。私の息子たちの場合は、大学が同じコペンハーゲン県に所在しているというラッキーな立場でしたが、自然に芽生える彼らの「独立する」という巣立ちの意識が、学生寮への引越しにつながりました。

次男は、兄が学生寮入居希望を出してから二年も待った経験から、大学入学とともに学生寮の希望を提出しました。予想に反して、希望を提出してたったの一週間後に「入居可」の報せが舞い込み、彼の計算を大幅に狂わせました。彼は、兄の経過をふまえて二、三年後の学生寮の空きを見通し、できればもう少し早めに入居できればいいと、入居理由欄に「両親との不和」などと書き込んだそうです。通常、入居許可に対して、立地条件、その他の理由で見送りを希望し、次回の案内を依頼することができますが、ごていねいにも「両親との不和」などと書き込んでしまったのですから、入居可となればありがたく受け入れるのが筋です。次男は、巣立ちの心の準備がないうちに得た入居可能通知に少なからず動転していました。通知書を手にして決めかねている次男に、私は「この家は、いつまでもあなたの家でもあるのだから、いつでも帰ってきたらいいじゃない」と、そっと背中を押してあげました。それが決心の要因かどうか不明ですが、少なくとも次男の気持ちが、これから始まる学生寮での生活を楽しみにするように変わっていきました。

●貧しくとも満足な学生たち

こうして、一時はにぎやかな五人家族だったわが家から、まず長男が、そして次男が、大学教育をきっかけに、それぞれわが家から一五キロほど北に位置するデンマーク工科大学の近くの学生寮に移り住みました。長女は、日本の大学に自分の勉強したい科目を見つけ、一九九九年に日本に向け羽ばたいていきました。息子たちの学生寮の部屋は、デンマークの学生寮のスタンダードでトイレとシャワーが自室に完備されていますが、部屋自体は彼らが今までわが家で使っていた部屋とそう広さは変わらず、ベッドと机を置いたら残りのスペースは限られたものです。それでも「わが部屋、わが城」で、どんなに狭くとも独り立ちする喜びは大きいようです。息子たちの生活費は、ほとんどSU奨学金でまかなわれていました。とはいえ、彼らの学生寮は、修復工事後、他の学生寮より若干家賃が上がり、SUの半分以上を占めていたので、私たちが月に一万円相当を二人に援助していました。SUの支給額の目安は、一人の学生が生活するのに必要な学生寮家賃、食費、電話代、少々の衣料費、少々の娯楽費などを算出した額です。SUで、学生は贅沢をしなければ健全な生活を送ることができるようになっています。

掃除、洗濯、料理と文字通り一人でやらなくてはならない学生寮での生活は、彼らに多くを学ばせてくれました。特に料理は、腕のみならずレパートリーも増えたようです。学生寮の部屋には、故意にキッチンがついていません。トイレもキッチンも完備されていたら、学生は一日中、部屋にこもって勉強に明け暮れてしまうことも可能です。息子たちの学生寮では、一二部屋（一二人）にひとつのキッチンが備わっていて、お腹が空いたら部屋を出てキッチンに行かなければ煮炊きができません。でもそこには、いつも誰か同寮生がいて、言葉を交わし、足りない材料を分けてもらうこともできます。多くの学生寮では「キッチン仲間」というサークルができ、当番制で食事を代わる代わる作る、というシステムをとっています。これは、もちろん、その時の学生どうしが、うまが合うかどうかにもよりますが、息子たちの場合もこの「キッチン当番制」をしいていました。

当番になると、一一日間食べさせて貰っていたかわりに、今度は一二人分の食事を作らなくてはなりません。また、自分が当番になったら、やはり、「おいしい。上手だね」と、ほめてもらいたいのが人情です。そのような時は、私にSOSの電話です。まず、買う材料と作り方を教え、当日作っている最中にわからないことを電話指示する、ということを何度も経験しました。デンマークの子どもは幼い頃から、男の子も女の子も、家庭で夕食やケーキ作りを体験しています。わが家の子どもたちも、よくケーキを焼いたり、簡単な夕食を作っていましたが、一度に一二人分、しかも安くて、ちょっと凝ったお料理となると、電話相談が効を奏しました。

学生寮の仲間のほとんどがＳＵ奨学金で生活しています。中には、週末にレストランなどでアルバイトをしたりしてＳＵ以外の収入を得ている学生もいますが、アルバイトの収入が限度を超せば、ＳＵが支給されなくなります。このため、学生は、上手にアルバイトの時間数を調整しなくてはなりません。これは、アルバイトに時間を費やしすぎて本来の勉強時間がとれなくなることを避けるための措置です。長男はよく「学生の仕事は勉強で、ＳＵは給料だ」などと言っていました。どの学生の財布の中身も、いつも小銭しかないのが実情ですが、実家から仕送りを受けるという慣わしもなく、また学生たちも「自分の経済範囲の中で自活したい」という気持ちを強くもっています。

彼らには、「お金はないけれど、自分で選んだ勉強ができ、自分で生活している」という自信と満足が感じられ、〝みにくいアヒルの子〟のようにいつか白鳥になることを思い描いているのだと思います。私は、いつの日か三人の子が飛び立つ羽が揃ったら、巣立っていくのを十分承知していたつもりです。でも、いざ巣立ちの日を迎えると、心の中で「もう少し、私の子どもでいてほしい」という思いが、ふと横切りましたが、巣立つ姿は健全な自然の原理です。「子どもは社会の借り物」。彼らが外に向かって大きく羽ばたく姿を愛しく、かつ逞しく感じたのも確かでした。

●保育士をめざすビギッテ

「私が八歳の時に兄夫婦に赤ちゃんが生まれ、その時から自分は保育士になろうと思っていたのよ」と、ビギッテは語り始めました。彼女は、幼い頃から自分が将来何の職業につくか決めていたのです。ビギッテは今年二二歳、保育士養成学校の三年生で、二〇〇六年二月に卒業する予定です。ビギッテの母親は看護師の教育を受けたのち、長年、高齢者ケアセンターの施設長を務めていました。ビギッテは母親の勤務する高齢者センターによく遊びにきていて、幼い頃はセンターの高齢者のマスコットとして、また大きくなってからはボランティアの一員として、よく手伝いに来ていました。私はそうしたビギッテの成長をはたから見ていて、将来は介護関係の勉強に進むのかと勝手に思っていたので、「高等学校を卒業して保育士の教育課程に進んだ」と聞いた時は意外に感じていました。しかし、ビギッテは「八歳の頃から保育士を考えていた」と言います。その間、いろいろな人と出会い経験もしましたが、保育士のことが常に頭にあって、迷うことはありませんでした。その一番の理由として、「私はやはり人と接することが好きだし、第一、人の基本を育てる保育に携わることは、とても興味深いし意義ある仕事だと思うの」と胸の内を明かしてくれました。そして「卒業後は、保育士として数年働き経験を積んだあとに、追加教育を受けて言語教育士の資格も取りたい」と、まだ保育士の教育自体も終わっていないうちに次を考えているのに驚かされました。

「毎日の勉強が忙しいのに飽き飽きしないの。よく追加教育など考える余裕があるわね」と私が言うと、「言語教育士って、言葉に問題がある子どもの力になる仕事よ。すごく魅力を感じているの」と夢を語ってくれました。

デンマークの保育士養成は学士教育で三年半かかります。保育士はデンマーク語で「ペダゴー(Pædagog)」と呼ばれ、英語辞書を引くと「Pedagogue＝教師、先生、指導者」等と出ています。

ビギッテ 22 歳、もう少しで念願の保育士

私がこの単語を初めて知ったのは、いわゆる「おかっぱ」ヘアスタイルがデンマークで「ペダゴーカット」と呼ばれていたことからでした。そしてまた、人を「さとす」ことが好きなタイプの人に「ペダゴー的だ」と、少しからかう意味合いももっていたようです。

しかし、ペダゴーはデンマークの幼児教育と余暇教育を担う、大事な存在です。保育士養成学校では「乳児、幼児保育士」「学童クラブ、青少年クラブ、青年クラブ等の余暇生活指導士」、そして「社会教育士」の三種のペダゴーを養成し、卒業後は自治体に雇用されます。保育士養成学校が年間何人の学生を教育するかは、各県がペダゴーの需要と供給のバランスを考慮して決定します。教育はかなりの実習で構成されていますから、もし実習場所が確保できなければ、学生は教育を遂行することができないという結果を生むことになります。そのため、県レベルで実習場所を確保する実習場所委員会があり、実習場所の確保にあたっています。

ペダゴーは日本的にいえば先生ですが、デンマークの児童施設では子どもたちが「先生」と呼ぶことはありません。デンマーク人は肩書きで人を仕分けすることを好みませんから、保育園にしても学童クラブでもスタッフは皆「おとな」であり、子どもたちはおとなたちを「マイケル」や「エリザベス」というように名前で呼んでいます。

三年半の教育期間は、大学での勉強と現場の実習で構成されていて、一年生で一二週間の実習があり、二年生と三年生で二六週間の実習が二回あります。実習は保育現場で実際に働きますから、卒業後は戸惑うことなくスムーズに保育に携わることができます。学生の教育費は他の教育と同様に無料で、生活費として学生援助金を受けます。一二週間の実習期間は学生援助金が支払われ、二六週間の実習は雇用主である自治体から実習生の給料が支払われています。

ビギッテは一八歳まで実家で暮らし、いくつになってもママの肩に顔をすり寄せるような甘えん坊のママっ子でした。ところが一九歳になって学生援助金が下りるようになると、待っていたかのようなスピードで実家からそう遠くない学生寮に移りました。甘えん坊の娘も、「自立心」というのは、また他のところにあるようです。そのうちにピーターというボーイフレンドとめぐり会い、現在はピーターとアパートを借りて生活し、生活費も折半しています。ピーターは企業に勤め、コンピューターを担当していますが、今後、コンピューター技術を向上させるため秋から再教育に入ります。ビギッテの収入は学生援助金四〇〇〇クローネと、週に一〇～一二時間スーパーマーケットでアルバイトをして約一五〇〇クローネの収入があり、全部で五五〇〇クローネ（約一〇万円）です。家賃は三五〇〇クローネ（約六万六〇〇〇円）で、水道、暖房、電気および電話の基本料金が含まれており、ビギッテは家賃の半分を支払っています。それに食費を含む生活費として共同資金箱に一五〇〇クローネ（約三万円弱）を収めると、自分の小遣いは一〇〇〇クローネ（約二万円弱）しか残りません。「お金は足りないわね。携帯の通話料や、教科書を買えばあまり残りはないわ。時々ママに助けてもらうけれど、基本的には自分のできる範囲で生活していきたい、と思っているの」と、経済的には余裕がないけれど、自信満々の雰囲気が伝わってきました。

ビギッテの学生生活とその姿勢は、多くのデンマークの若者と一致します。彼女のように小さな頃から自分の進路がわかっている若者、また人生の舵を左に右にとりながら進む若者といろいろですが、「自分の人生を自分で決めたい」、でも「何か助けがほしい時は家族がきっと助けてくれる」という信頼をもちながら、自分の人生をしっかり見つめて築き上げていくのです。

●デンマークの義務教育の課題

デンマーク教育法の第一条に「国民学校の役目は保護者と協力して生徒の知識、技能、作業方法また表現力を促進させ、これにより個々の生徒の全人的な発達に寄与する」と、基本方針が記述されています。その「生徒の全人的な発達」を達成するために国民学校を管轄する自治体では、独自の指針を作成していますが、たとえばコペンハーゲン県の一自治体のロドオワ市では「自尊心、責任感、探究心、交友力などの個人的能力の発達」「協力能力、平等心、寛容および信頼心などの社会的能力の発達」「学習環境、創造力、発想力などの学習能力の発達」の三項目を総合して生徒の全人教育の達成に努めてきました。デンマークの教員の九二・五％（二〇〇二年調査）が仕事に喜びを感じ、生徒はのびのびとして顔は明るく「学校が大好き」といい、社会人の八一％（EU諸国で最高）が仕事に満足感をもつ事実は、ある意味でデンマークの教育路線が効果的であるという証でもありました。

ところが、このデンマークの教育分野が、二〇〇四年一二月に発表されたPISA（Program for International Student Assessment 国際学力到達度調査）の結果を受けて、教育省、学者、現場で活発に討論が行われ、新聞の紙面をにぎわしています。

PISAの二〇〇三年の調査には、OECD三〇カ国を含む四一カ国の一五、一六歳の生徒が参加していますが、デンマークでは二〇七校から、一九八七年生まれの生徒四二一八人がテストに参加しました。デンマークが出した結果は物理がOECD平均を下回る最悪の結果、読解力は四九七ポイントでOECD諸国では一六番目の位置であり、数学はOECD諸国の一二番目で、教育省は大きなショックを受けたようです。

私はその真意を知りたくて、ロドオワ市の教育センターの教育アドバイザー、ハンナ・マリーを訪ねました。ハンナ・マリーは国民学校で二五年間教員を務め、現在は教育センターで特殊児童教育や一般教育アドバイスにあたっています。ハンナ・マリーは「デンマークがＰＩＳＡの結果を受けて認識したことは、デンマーク生徒の弱い部分、今後強化する部分です。順位に対しては上位グループにのし上がりたいというねらいより、いかに強化し、個々の生徒の出し切れていない力を発達させることができるかが検討されています」と、次のようないくつかの教育法の改正が提案されていることを教えてくれました。

1．一年生のすべての児童に入学時に「言葉のスクリーニング」を実行する。一人ひとりの生徒が言葉でどれほど表現、また交流することができるかを知ること。
2．二年生、四年生および六年生の学年末に読書力の側面テスト（プロファイルテスト）を実施
3．八年生（中学二年生）の学年初期に読書力能力テストを実施
4．六年生学年末に数学の側面テストを実施
5．七年生学年末に英語の側面テストを実施
6．八年生学年末に物理の側面テストを実施

この他に教師の追加教育をもって、デンマークが弱いとされる分野の知識とテクニック向上を図るという検討もされています。

これらの提案は、新聞やテレビのメディアでも紹介されていて、「低学年からテストとは……」

と、教育関係者のみならず多くの国民は驚かされました。デンマークでは伝統的に国民学校の低学年での試験やテストは実施されず、九年生と一〇年生で初めて自主参加型で試験が行われてきています。これに対し、教育省は「テストは外部に発表するものではなく、あくまでも修学度を本人、保護者そして学科担任が知り、生徒個々の年間到達計画に反映させるもの」と位置づけています。ハンナ・マリーはまた、「テストは生徒どうしをランキングする目的ではないし、第一デンマークでは、生徒どうしを競争させ学力を向上させるというメカニズムは伝統ではないでしょう。デンマークは従来、生徒たちにものごとを理論的に、また社会的に理解するように教育してきました。単にものごとを暗記し、暗記したものを自動的に答えるかたちではなく、本質を理解し解決できる方策をとってきました。PISAの結果が好ましい結果ではなくとも、デンマークの生徒は数学が好きで、自分はできると信じている生徒が多いことは好ましい事実です。また、デンマークの生徒はテストに慣れていないことも低結果の要因かもしれません」と、少しデンマークの生徒を擁護する意見を聞くことができました。

デンマークは北欧の小国であり、世界がますますグローバル化していく中で世界経済の競争に立ち向かえる資質が求められ、教育の強化を図り人育てに貢献することは必要不可欠ですが、「全人教育」を基本とした教育をこのまま継続すべきか、または「知識力」を前面に出して学科の強化を図るのか、同時に「学校が大好き」という生徒の心をこのままいかに持続させていくことができるかなど、今デンマークは暗中模索の中にあり、二〇〇五年の大きな課題となっています。

二　性教育の大切さ

●性の開放

ひと昔前のこと、デンマークを含むスカンジナビア諸国は、「フリーセックス」の国と、少々わいせつさを含むレッテルを貼られていた時期がありました。これは、日本の大きな勘違いで、誤解が一人歩きしていたようです。おかげで、私はその本来の意味をかなりの人に弁明した経験があります。誰もが辞書を引かずに、フリーは「自由」、セックスは「性」と理解することができます。しかし、free という単語の意味が、「偏見のない」「おおらかな」「開放された」ということも含んでいることに気がつく人が少なく、また当時は情報も少なかったことも手伝って、誤解されたと考えられます。その本来の意味は「偏見なく性について話す」ことであり、その大きな目的は、性感染を防ぎ、個人の家族計画を可能にした上で、「望まれた子」の誕生をめざすことです。以来、私なりに性に対するデンマーク人の考えに興味をもち、性教育に関する日本からの取材などに積極的に対応していました。

どうも日本では一般的に、「性」という言葉は、「陰」にとらえられる傾向があり、発言はタブーに近いところがあります。しかし、性の問題は、人権問題を含む男女平等の発達、妊娠のコントロールを可能にする、エイズを含む病気の予防、社会的な犯罪の減少など、広い分野に大きな関係があることを認識したいものです。幼子から思春期そして青年期に、「正しい性の情報提供」を行うことが子どもたちの健全な成長を促し、やがて健全な社会生活を営む基盤のひとつとなっているように思えます。

デンマークでは、また「フリー・ディスカッション」という言葉も頻繁に使われています。この言葉の意味も「おおらかに、開放的に話し合う」という意味をもち、性別、身分、年齢にこだわることなく語り合える環境をつくり出しています。「フリーセックス」も実は、「性について偏見なく、開放的に話そう」という意味があります。これらの「フリー」という単語は、デンマークの社会、生活の中で重要なアクセントになっていて、「平等性」や「共生力」「自立力」の発展の背景として大きく貢献しています。

●性のカルチャーショック

私のデンマーク生活が始まって間もない一九七〇年当時、テレビの番組で全裸シーンが放送されていました。しかも、まだ夜の八時台、日本では目にしなかったシーンが、子どもたちもまだ起きている時間帯に放送されていて、テレビ局の無神経さにあきれたり、驚いたり、目のやり場がなく困ったのを覚えています。私は、「こんな場面を、子どもが起きている時間帯に放送するなんて信じられない」と話し、すっかり夫が同意すると思っていました。ところが彼は、「人間の裸は現実だし、隠せば覗きたくなるのは、人間の心理でしょう。いつも見ていれば、悪質な興味とならないのでは……」と、反応してきました。「う〜ん、なるほど」と、私がそれまで馴染んできた考えと全く逆の発想だったので、ちょっとしたデンマーク社会入門時のカルチャーショックでした。

当時、海岸での日光浴は無論のこと、自宅の庭先やベランダでの日光浴でも、男女とも上半身裸で体いっぱいに日光を受け、小麦色に肌を焼くことが流行していました。トップレスという言葉が使われるようになった時代です。

しっかりと顔を太陽に向け、何時間も飽きることなく寝そべっている姿に、「そこまでして日焼けしたいのかしら」と彼らの美学に疑問をもったり、「何時間も飽きることなく日光浴ができるものだ」と感心さえしていました。

冬の日照時間が短く、おまけに太陽が輝いてもぬくもりがないデンマークで、太陽の陽射しを大事に思う気持ち、喜びは、十分理解できます。しかし、私たち日本人にしてみれば美しいと思うピンク色の肌も、ピンク色の肌の人にしてみれば小麦色にしたい、と人間の心理はなかなか複雑なようです。さらに、七〇年代は、デンマークの女性運動が盛んな時期でもあり、男女平等権を訴える運動があらゆる分野で芽を出していました。私は、「何も日光浴するのにトップレスである必要はないのに」と疑問を感じていましたが、女性のトップレスもそんな平等意識の表れでもあったようです。現在では夏が近づくと、必ずといっていいほど、テレビなどを通して、長時間、肌を直射日光にさらす危険性を訴えているため、日光浴のかたちも以前とかなり変わってきています。

何はともあれ、デンマークでは、「フリー・ディスカッション」の環境が育ち、それが「性」の話を受けいれる環境をつくり出しています。さらに国も、「性」の問題は密閉するものではなく、「正しい知識をもつことで健全な社会生活を営むことができる」というコンセンサスをもち、正面から向き合っています。

●学校での性教育

アルバスルンド市の保健師スザンナ・エアホルムから、「八年生の性教育を担当するけれど、参観する？」と連絡を受けました。彼女は、男子と女子を分けて授業をするとかで、当日は男子の番でした。参観は、以前からお願いしてあったので、私は大喜びで誘いを受けました。

朝九時、八年生（日本では中学二年生）の一クラスの半分の生徒、男子一一名が学校の保健室にぞろぞろ入ってきました。それぞれ背丈も違い、帽子をかぶっている子、少年っぽい子、すっかりおじさんっぽい子とまちまちですが、通常の教科と違う保健室での活動に、少しの興奮と大きな興味をもって集まってきました。スザンナは、他の教員と同様ラフな私服で、専門職のようすをにおわせていません。保健室は、小さな待合室と、ベッドが置かれている休養室、そして身体検査や事務を行う保健師室があり、一一人が同時に入るには狭い部屋です。保健師のスザンナは、「狭さで生徒が密着して座るというのが、かえって心理的にいいのだ」と話してくれました。スザンナは、椅子がたりないぶん、生徒たちに隣室から長椅子を運んでくるように指示し、やっと一人一人がスザンナの机を囲んで座れる状況になりました。スザンナはまず私を紹介し、参観することと、写真を撮ることに対する生徒の承諾をとりました。幸いにも生徒たちから許可を頂き、私の参観が始まりました。

カーテンを閉め、保健師スザンナを囲んで性について考える

「今日の予定は、まず〝性感染〟について、次に〝避妊〟について、そして〝最初の時〟の話し合いをして、最後に一人ひとりの身体検査を行います。かかる時間は、君たち次第。雑談が多くて進まなければ、一日中かかるかもしれないし、お昼で終わるかもしれないわ」とスタートを切ったスザンナに、生徒たちは、「昼食はどうする？」「他の授業は？」と次々に疑問を投げかけてきました。「要は、必要な知識を得られるまで、あなたたちは、保健室です」との答えで皆、肝を据えたようです。スザンナは、テーマの順番に対して「通常、避妊や性病について話し合っているときは、個人的な悩み、相談は出てこない。しかし、最後に一人ひとりの身体検査にな

ると、それまで心配していた個人的な相談がぼろぼろとでてくるものなのよ」と、後で話してくれました。「そうか、なるほど、上手な順番の組み合わせだ」と、感心してしまいました。

デンマークの教育現場は、黒板の前にいる教師が、規則正しく並んで机に座っている生徒に、一方的に授業を進めるかたちではなく、生徒と教師の質問や応答がピンポン的に活発に行われるのが一般的です。私はこの「性」をテーマにした授業で、生徒たちがどのくらい自由にスザンナに対応するか、とても興味がありました。スザンナが「性感染にはいろいろなタイプがあるけれど、何を知っている？」と口火を切りました。生徒から「クラミジア、ヘルペス、エイズ……」と、知っていることに優越感でも得ているような勢いで、あちこちから返事が返ってきました。それについてスザンナは、各々の詳しい症状、影響を詳しく説明します。「男性に症状がなく、性交によって女性にうつると、ひどいときは妊娠も不可能になる場合がある」という説明の時は、全員驚いたようすで、「赤ちゃんが生まれなくなるなんてひどい」と、男子生徒は知識を得ることの大事さを知ったようです。

「では、避妊用具について話し合いましょう。避妊用具について何を知っているかしら」。ほとんどの生徒が口をそろえて「コンドーム」と答えてきました。「それは避妊用具のひとつで、今日の最後に話そうと思っています。その他は？」と、質問するスザンナに、返事はちょっと間があきました。「まったく男の子は、自分たちの身近なものしか頭に浮かばないの？」と言いながら、スザンナは彼女の横にスタンバイしてある箱から、まずピルを取り出し、効果、リスク率などを説明し、それから同様にペッサリー、スピラル、P―リング、皮下埋め込みタイプ、普及率の低い女性用コンドームと、市場に出回っている避妊用具を見せ、説明し、効果とリスクを教え、それぞれ生徒たちの手にまわしていました。私は、「あらあら、ずい分いろいろな避妊用具があるのだ」と、ただ感心するのみです。

さあ、最後に男子生徒の関心事であるコンドームまで行き着きました。ほとんどの生徒が、すでに使い方まで知っているようすです。スザンナは、「節約さえしなくてもいいなら、開封して一人ずつ試してみればいいけれど、高いから、まずこれひとつだけ開封するわね」といって、同時にプラスティック製の白いペニスを二つ取り出し、正確なコンドームの着装の仕方をデモンストレーションしました。「やってみる？」とスザンナが尋ねると、希望者がけっこういて、不器用そうに取り付け始め、スザンナから細かい注意を受けていました。性感染予防と、正しいセックスには、「コンドームだけに頼るのは危険」「コンドームと女性の避妊用具とのコンビが最も望ましい」という結論になりました。

男子生徒にピルを紹介

「では、〝最初の時〟は、どういう状況が望ましいと思う?」と話は進みます。「女の子がいつもコンドームを携帯していたとしたら、その子は、安っぽい子かしら?」と問いかけます。活発に発言していた一人がここでも「そういう子は、誘えばすぐにのってくるんじゃないの」と、経験者のような答えをしています。スザンナは、結論として「健全なセックスは、相手と同意のもとに行われるべきもので、圧力や自分だけの欲求で行うものではない」と伝え、休憩に入りました。

私は、その後の個人的な身体検査には同席していなかったので、どんな個人的な質問があったのか不明ですが、少なくとも、この二時間の授業内で、「性」というテーマを、生徒は黙って聞いているのではなく、やはり活発に(時には活発すぎてスザンナに注意されていましたが)発言し、「性」に関わる単語、行動表現に「歯に衣着せぬ」言葉で発言している自由さ、開放性と、その知識の豊富さに驚かされました。生徒の数人は、仲間に自分の豊富な知識をみせびらかしたいのか、経験者の素振りで饒舌になっていました。また、わざとはしゃいで恥ずかしさを消し去っていたようにも見えました。スザンナ自身も、生徒たちの質問や応答に、時にはジョークを入れてコミカルに対応し親近感を高め、生徒が話しやすい環境をつくっています。同時に生徒の野暮な質問や、声をひそめての質問も真剣に受けとめ、ていねいに対応していました。私が保健室を出る前、生徒に「今日の授業は、どうだった」と聞くと、「すごく有意義な授業だった」と満足そうでした。

私は帰宅してすぐに、貴重な経験をするチャンスを与えてくれたスザンナに「男子生徒は、信じられないくらい知識がある。でも今日の授業で総合的に知識を得て、〝健全な性体験の本番OK〟

ということかしら」と、お礼のメールを書きました。

●性教育の義務づけ

日本から「性教育に真剣に取り組んだ教員が処分された」とか、「学校が敬遠する」という実態を聞くごとに、私は、正しい性の教育を受けられないとしたら、日本の子どもたちが大変な損をしていると、気の毒にさえ思えます。おとなが正しい知識を青少年に与えないために、性的な要因で事件が起きたり、また正しい知識を得ないままにおとなになり性的な事件を起こしています。

デンマークでは、学校教育の中で「性教育」を実施することが、一九七〇年に施行された法律で義務付けられています。以来、医師、看護師、生物の教員、学級担任が特別講習会を受けて性教育に臨んでいます。しかし、自治体管轄の小中学校において、誰が担当するかに関しては行政の判断に委ねられていますから、それぞれ方法は異なっています。私が訪問したアルバスルンド市では、保健師が担当しています。私が参観した学年は八年生でしたが、彼らは五年生の時に、すでに「思春期教育」を受け、男女の体と心の変化、対応の仕方、そして生殖のメカニズムを知り、生命の誕生を学んでいます。他市では、性教育を、学級担任や生物の教員が担当する、または保健師とコンビでする、というところもあります。

学級担任や生物の教員が担当する場合、八年生向けの性教育に行き詰まりが生じる場合があります。そのような場合は、コペンハーゲン市にある「家族計画協会」が開いている性教育授業を利用することがあります。この「家族計画協会」は、四五年前に医師会、女医クラブおよび薬剤師協会などによって結成されたNGO団体で、当初は中絶の自由化、避妊情報、そして正しい性教育の必要性を訴える活動をし、一九七〇年の性教育の義務化に関する法律実施に大きく貢献しています。現在では、健康分野、性、妊娠、誕生に関するすべての権利を扱う活動を活発に行い、デンマーク国内でも広く知られている団体です。性教育の授業は、活動の一部であり、その他エイズを含む多くの性教育教材や、情報冊子を出版しています。ここでの授業もスザンナの授業と同様、現実を見つめたリアルな授業です。

●子どもは「望まれて生まれてくるもの」

四歳の誕生日をすぎたころ、この日のステファニーは、おへそが曲がっていたらしく、大好きなママがパパと仲良く話している姿に、「ママは、私だけ好きになればいいの」と嫉妬したようです。ママは、「ママは、あなたも大好きだけれどパパも大好きよ。パパが大好きだったから結婚してあなたが生まれたのでしょう」と本人の誕生の原点を話したようです。そうした背景があって、先日も真剣な口調で「おばあちゃんとおじいちゃんも結婚すればよかったのに。そうすれば子どもが生まれたのよ」と結構な提案をしてもらいました。

そこで私たちは、彼女の頭を整理する意味で「私たちには、子どもがいるのよ。誰だと思う？」と、私の三人の子どもたちをあらためて紹介しました。もちろんステファニーは、三人とも知っているはずですが、ここで彼女を取り巻く人々の糸がつながったようです。

デンマークでは、「できちゃった」という無責任な妊娠を表わす言葉は、聞かれません。デンマークの性教育の最大の目的は、「望まれて生まれてくる」子の誕生であり、同時に「命の大切さ」に大きく関連するものです。

日本の親で、今まで子どもだと思っていたわが子に、ボーイフレンドやガールフレンドができると、「うろたえる」現象を起こしてしまう人が、少なくありません。また、日本の若者からは、「交際を親に知られると怒られる」「誰とどこで会ったか報告を求められている」というような、「うろたえている親たち」について話を聞いたことがあります。

日本の親がもし、うろたえるとしたら、何が娘／息子たちの交際のバリアとなっているのでしょうか。私は、このバリアはボーイフレンドやガールフレンドに対する嫉妬、いわばわが子を取られたと思う嫉妬心や、親の断りなくして付き合い始めたという管理欲を無視された結果などが要因ではないかと、私なりに解釈しています。

しかし、人類始まって以来、そして男女が存在する限り、異性に思いをはせる気持ちは変わらないし、むしろ当然なことであり、生きていく過程で力づけられたり、自己発展につながる要因となる可能性も大です。デンマークの親は、むしろわが子にボーイフレンドやガールフレンドができたら大喜びです。子どもたちは、真剣にお付き合いをする相手だ、と心の整理ができた時点を機に、両親や兄弟に紹介するのが一般的です。

私も、娘に初めてボーイフレンドができて、心の中に花が咲いているような面持ちで話してくれた時は、「よかったわね。あなたを好きになってくれる人ができたのね」と、一緒に喜んであげました。その時、娘に「あなたが誕生した日は、私の人生の中で最も幸せな日だった。そして、毎日一生懸命育ててきたつもり」と、娘が私にとってどんなに大事な存在であるかあらためて伝えました。さらに、「子どもは、望まれて生まれてくるもの。望まれない子どもをつくることだけは絶対にしないように。第一、子どもに対して失礼でしょう」と、最低限守ってほしいことを話しました。

もし、ここで私が否定したとしたら、娘はきっと私から遠ざかり、私の知らないところでお付き合いするに違いありません。これを見て見ぬふりをしていると、問題が起きた時には取り返しのつかない事態になってしまうかもしれません。私には、「娘をこれまで真正面に向き合って育ててきた」という自負があります。そして、その自負があるからこそ、彼女の人生を尊重し、彼女の選択を信頼することにつながっています。常に「私は娘ではない」し、「娘は私ではない」と距離を置くと同時に、彼女個人の選択を尊重しサポート係に徹しています。子どもたちの選択を素直な気持ちで肯定することで、子どもたちの「仲間」となり、楽しかったこと、悲しかったこと、困ったことを話し合い、人生の先輩としてアドバイスができるのだと思います。このような立場に立ったとき、そもそも親子が話し合える環境にあるのか、ないのかは、子どもとの長い育みの歴史によるので、人によって相違がありますが、少なくとも私に関していえば、わが子を信じ見守ることにつきることだと思っています。

参考資料…デンマークの中絶事情

デンマーク在住の一八歳以上の女性は、妊娠一二週までは、理由を述べることなく公立病院で無料で中絶する権利がある（一九七三年法令三五〇）。

一八歳以下で未婚の女性の場合は、親権保有者または、後見人の認可を必要とする。

一二週間期限を越えている場合、以下の理由があれば中絶の許可を受けることができる。

・妊娠期間または出産により母体の危険が伴うとされた場合
・遺伝や胎盤の異常などで子どもが深刻な病気を伴うリスクがある場合
・妊娠した女性が若年または未熟で、正当な子どもの世話ができない場合
・特別な病気または発達障害などをもつ女性で、子どもの世話ができない場合
・住居的および経済的に好ましくない状態にある女性の場合

二〇〇二年の年齢別公認中絶件数（一〇〇〇人につき）

一五〜一九歳　一三・八人　二〇〜二四歳　二〇・一人　二五〜二九歳　一七・一人
三〇〜三四歳　一六・五人　三五〜三九歳　一三・一人　四〇〜四四歳　四・五人

四五〜四九歳　○・四人

公認中絶数の推移

一九九〇年　二万　五八九人
一九九五年　一万七七二〇人
二〇〇二年　一万四九六七人

三　社会に守られている子どもたち

●子どもの居場所

「デンマークでは共働きがあたりまえ」と聞けば、「子どもは放課後どうしているの？」と、親とともにいない子どもを心配する方もいることでしょう。また、子どもが下校して「ただいま！」と帰宅したときに「おかえりなさい」と母親に迎えてもらえない子どもはかわいそうだ、と思われるかもしれません。しかし、デンマークでは、一九六〇年代後半から発展した女性の社会進出に対処して、保育園の整備のみならず、就学児童から一八歳の成人に至る青少年に、家庭以外の場所で健全な成長を促すさまざまな方策がとられてきました。デンマークの学校教育の中には、日本の学校内に設置されている部活動やクラブ活動はなく、子どもも教員も授業が終了すると下校し、午後の二時にはほとんどの生徒・教員が学校を出ています。また民間経営の「塾」もなく、下校したらそれぞれ年齢に応じて学童保育、青少年クラブですごし、親の帰宅に合わせて自宅に帰るという日課です。学童保育の利用は三年生までですが、学校内の敷地に設置されている場合が多く、子どもたちは道路を通る必要なく移動することができます。四年生になると学童保育から青少年余暇クラブに参加することができます。青少年余暇クラブは七年生まで利用することができ、その後は一八歳までを対象とした青年クラブに参加することができます。

このようにして、デンマークでは、あらゆる年齢層に公的な「居場所」が確保されています。そしてそこでは、「どこの市でどんな場所で」放課後をすごそうとも、またそれが公立施設であろうが独立法人施設であろうが、デンマークが掲げる「決定に参加する」「相互に影響をおよぼす」「共同責任」という、民主主義に基づく青少年育成基本方針が浸透しています。

こうして子どもたちは余暇をすごす中から、「自己管理・自己責任」を遊びの過程で学んでいきます。これらはおとな（スタッフ）のアドバイスや見守りのもとに、子どもどうし、また子どもとおとなどうしの、すべてのメンバーが尊重しなくてはならないことを表しています。

しかし、規模や活動などの点でクラブ色が異なり、子どもたちは自分のニーズや興味によって参加する場所を決めます。一般的には、馬、ヤギ、ウサギなどの動物がいたり、キャンプファイアーを焚いてソーセージを焼くことができたり、室内では手芸や工作が楽しめ、何もしたくない子はソファでボーッと自分の時間を過ごすことができます。デンマークの親は「ただいま！」といって帰宅する子どもを「お帰り」と迎えることはできませんが、学童保育や青少年クラブでのびのびと、そして楽しくすごし、心の栄養をたくさん得ている子どもを見ると、「子どもらしさ」を感じるとともに、デンマークが求める全人教育の一環としての役割を大いに担っている、と痛感します。

学童保育は国民学校法のもとに運営され、ほとんどの場合、学校内に施設が併設されており、三年生まで利用することができます。低学年の授業は午前中で終了する日が多く、遅くても午後一時には学童保育施設に移動してきます。学童保育は朝六時半から八時一五分までと、一一時半から午後五時まで利用することができます。朝八時一五分から一一時半の間は子どもたちが登校している時間帯で、スタッフはその間に事務処理や準備に時間を費やします。学童保育の保護者負担額は各自治体が決定することができますが、ロスキレ市の例では、月額一四〇〇クローネ（約二万六〇〇〇円）ほどです。

学童保育以後は四年生から七年生までを対象とした青少年クラブ、その後一八歳までを対象とした青年クラブがあります。青少年クラブの利用料は五〇〇クローネ（約九五〇〇円）で、登録だけすれば、参加したい日、時間に自由に来ることができます。青年クラブは青少年クラブ施設を夜間に開放するのが一般的です。青年クラブは一五歳から一八歳の思春期の若者が利用していますが、クラブで同世代の仲間に会い、「恋愛」問題や進路に関しての悩みなどを話し合うことができます。青年クラブの利用料は自治体が決めておらず、各クラブが設定することができますが、月額一〇〇クローネ（約一九〇〇円）前後が一般的です。

ロドオワ・ビルディングプレイグランド（ＲＢＶ）はコペンハーゲンから西に七キロのロドオワ市にあり、七歳から一八歳までの青少年二三〇名が参加している青少年余暇活動クラブで、学童保育、青少年クラブの総合施設です。ここは入口に門もなく、週末も開いていて、子どもたちが自由に毎日、動物に会いに来ることができます。

ウサギ小屋を造り、掃除もしっかり

ＲＢＶに一歩足を踏み入れると、まずたくさんの木造の小屋が目に入ります。どれも隙間だらけのバラックばかりで美しい光景とはいえませんが、ふと微笑みたくなるような暖かさがあります。ここはビルディングパークといい、一万五〇〇〇平米の敷地に平均八平米（約二・四坪）の区画が一二六カ所あり、子ども二、三人で一区画が割り当てられます。一般的には友達と一緒に一区画をもらい、自分たちの好きなように小屋を造ります。区画は小屋を建てるか、ウサギを飼うためにウサギ小屋を造るかは、本人の自由です。小屋はあちこちから寄付された廃材で造られ、子どもが二人座れば動きがとれないほどの広さ（狭さ）ですが、子どもたちが釘と金づちを不器用に使いながら、試行錯誤を重ねて「建築」した自慢の城です。

その横のベンチでは数人の子どもが座って、愛しそうにウサギを抱き背中をなでたり、懐に入れたりしながら、何の話か、ウサギに話しかけていました。広い敷地の中にはウサギの他に羊、鶏、小鳥、そして馬三頭が飼われ、子どもたちが世話をしています。クラブ館の裏にサッカーグラウンド、ローラースケートグラウンドがあり、子どもたちのあふれるエネルギーを燃やすことができます。クラブ館は三〇〇平米の広さで、中央にビリヤード、卓球台があり、数名の男の子が腕を競っています。オープンキッチンでは、材料費五円から九五円で、おやつ用にロールパン、ピザ、ケーキなどを焼くことができ、頻繁に作られています。室内は特に冬季の利用が多く、自転車修理などができるワークショップもあります。

今では、動物を飼ったり、小屋を建てたりすることができるクラブはデンマークにも多数ありますが、ＲＢＶはその先駆的な存在で、一九六四年にスタートしました。当時、経済発展とともにコペンハーゲン近郊のロドオワ市にも多くの公営住宅が建設され、同時に子どもたちのプレイグラウンドが少なかったことから設けられましたが、発想として、「既製の遊具を置くのではなく、子どもたちに大工作業を経験させよう」というのが始まりです。

スタッフの人数は常勤（週三七時間）計算で一二・五人、四つのグループに分かれて配属され、子どもたちのコンタクトパーソンになっています。ビルディングパークはその名のごとく建物を造る場所です。そういえば、デンマークでは住宅基礎工事を業者にしてもらい、自分の家やサマーハウスを自分で建てる人がかなりいます。彼らは、かつて子ども時代に、ビルディングパーク等でバラックを建てて達成感を味わったのでしょうか。

区画を得た子どもたちはまず、その前までの建物を壊しさら地にします。自分の好きなように建てるところがミソであり、ビルディングメイトと相談し、助け合い、完成させていきます。自分たちで決めて仲間と協力して建てた小屋は誰のものより立派に見えることでしょう。

ウサギたちもおしゃべり、春の陽射しの中で

子どもたちの「やってみたい」という意思があって小屋造りが始まり、小屋を造る過程で創造性を養い、造る喜びや達成感を味わい、ひいては自然に大工仕事も身についていきます。

子どもたちはクラブで小鳥、鶏、ウサギを飼っています。ほとんどの子は一人で二、三羽のウサギを飼っていて、その数は全部で三五〇羽にのぼります。子どもたちは鳥やウサギを飼うにあたって「楽しみ」だけを得るわけにはいきません。藁の交換や、毎日の餌を自分で管理して飼育することが求められます。餌はクラブで買うことができ、一日分の餌代は二五オーレ（約五円）かかります。でも子どもだって都合があって餌をあげにくることができない日もあります。そのような時は「事前に通知があればスタッフが代わって世話をするし、急に来ることができなくなったら、ウィークデイなら五時まで、週末は一時までに連絡してくれればスタッフが対応する」

とのことで、子どもたちの動物に対する責任感に対してスタッフが対応する相互協力が誠意的に現れています。子どもたちの小屋造りや動物との触れ合いの時間は点数で表現できるものではありませんが、長い人生のスパンで考えれば、きっと豊かな精神発達につながっていることでしょう。

●子どもをウォッチ

「私たちの仕事は福祉国家の裏通りを見ることです」と、ロドオワ市教育センター内にオフィスをもつ「ＳＳＰ」のコーディネイター、ヤン・アナセンが話を切り出しました。ヤンは「デンマークの八五％の青少年は健全な生活を送っているが、一〇％の青少年はリスクグループにいて、三〜五％が問題を抱えています。私たちはリスクグループを含む問題を抱えた青少年に早い段階で接触し、犯罪の道に足を踏み入れる前に食い止める役目を担っています」と説明し始めました。

確かに「福祉国家デンマーク」の表通りは「明るく生きいきと生活している人びと」が目に付きます。保育施設や学校を訪問しても、素直で無邪気な子どもたちの姿を目にします。「はたしてデンマークで青少年犯罪はあるのだろうか」「学校でいじめは存在するのか」という疑問と同時に、日本でいじめを苦に自殺する青少年が存在する事実に、「なぜ、その前に大人が察知できないのか」という疑問を抱き、私はＳＳＰの活動に興味をもってヤンを訪問しました。

ＳＳＰとはSchool Social Police（学校・行政・警察）の頭文字で、文字通りこの三者が協力して青少年の犯罪予防事業に取り組むもので、方策の多少の違いはあるものの、デンマークのほとんどの自治体に配置されています。ロドオワ市は人口三万七〇〇〇人で、公立国民学校は六校あり、二校を一地区として市を三地区に分け、それぞれの管轄を配分しています。各地区のSSPグループは、一五人ほどの専門分野の人材で構成されています。ヤンをはじめ、学校側からは校長、教員、学童保育リーダー。市役所からは社会・保健局スタッフおよびソーシャルワーカー。警察からは巡査。その他、青少年クラブスタッフなどです。また、この三地区の他に協力団体として、スポーツクラブおよび集合住宅の町内会も、SSP組織のネットワークとして参加しています。

SSP担当グループの活動方法は、「市街地に出てパトロールをして、補導する」という組織ではありません。各々の専門分野で問題となる青少年の情報をキャッチし、それを二カ月に一度もちより、審議する方法をとっています。ミーティング結果を受けて、本人との個別ミーティングや保護者を交えた三者面談をしたり、ケースワーカーまたはソーシャルワーカーにまわしたり、警察の協力を依頼するといったように、ケースによって多面的な策がとられます。

この情報提供に自治体の保健師（第二章の二参照）の任務が大いに役立っています。保健師は新生児のアドバイスのため家庭訪問をした折に、家族環境などから「気になる家族と子ども」を察知することが可能なので、早い段階でリスクグループをキャッチすることができます。保健師が家族を担当する期間は一年ほどで、子どもが乳児保育に預けられる機会に、保健師から「気になる子ども」として保育園に報告され、見守りが継続されます。また、担当グループのメンバーたちはアンテナを立てて、学校や青少年が通うスポーツクラブや住宅街のたまり場などで「気になる青少年」を探知したり、または周囲からＳＳＰ担当グループの一員に通達されます。

デンマーク国家警察の年間レポートでは、青少年犯罪グループの一員としてマークされている一八歳以下の青少年は六〇二人にのぼり、年齢的には一七歳、一六歳、一五歳が上位三位までを占め、そのうち二九〇人はデンマーク人、三一二人が移民者二世と報告されています。

このような現状にＳＳＰの働きが予防的な役割を果たしています。ヤンはさらに「月曜日グループというミーティングも、大事な仕事のひとつです」と説明してくれました。この月曜日グループはヤン、心理医、警察代表そして市の社会局長で構成され、警察で作成されている業務日誌の一週間分に目を通し、その中の一八歳以下の青少年が記録されている件について討論します。「たとえば、バイクの盗難があったとしますね。『ああ、これはあの子だ』と、すでに知っている子どもの場合もあるし、初めて知る人物もいます。それからどんな対策をとったらいいかを話し合い、誰が何をするか判断します」と、話してくれました。まずヤンが子どもの家庭に出向く場合が多いそうです。

また、ロドオワ市を管轄する警察では、二〇〇三年から青少年が不適切な場所や時間にいた場合に接触し、保護者に「心配する手紙」を送ることを始めています。手紙には「あなたの息子／娘さんは不法な問題は起こしていないが、犯罪や麻薬問題の側面から考えると心配になる対象者です。一八歳以下の保護者の扶養義務として適切な対応を考慮いただきたい」と記され、これまでに二一人の保護者あてに送っています。また、警察は保護者が手紙を受け取ったかどうか、確認の連絡をしますが、全家庭で確認され、保護者が子どもに注意を促すきっかけとなっています。

デンマークの青少年問題で、親子関係に問題があり、保護者から離れて暮らしている子どもの数は一万四四三〇人（二〇〇二年統計）にのぼります。子どもたちの四五％は保護家庭、一七％が養育施設、八％が全寮制の学校で生活しています。「親子が一緒に住めない状況に陥るのは子どもにとって最大の不幸です。私たちは早い段階でリスクグループと接触し、彼らが健全な青少年時代を送るよう導くのが役目です。子どもの問題は親に問題がある場合が多いです」。親子の別居をなるべく減少させるために、ファミリーカウンセリングに力を入れていることも強調していました。

ヤンはその他、学校の七、八年生を対象に年に数回「いじめ」をテーマにした授業も担当しています。デンマークの「いじめ」問題は、クラスメートを自殺に追い込むような急迫したものではありませんが、グループから仲間はずれにされたり、所持品を盗まれたりするケースが特に最近目立ってきています。ヤンは「コンフリクト解決法」の教育を受けていて、ロールプレイなどを通して「自分がその立場だったらどうなのか」を子どもたちに考えさせる取り組みをしています。

そして最後に「福祉社会の裏側をのぞく仕事だが、大変興味深くてやりがいがある仕事だ」と、満足そうな笑顔で別れの握手をしました。私は帰路、「ここにも同じ目的をもった人たちが、それぞれの専門分野のノウハウを集結して、問題を解決しようという姿勢がある」とうなずくと同時に、「事が大きくなる前の予防」がていねいにされている、とあらためて感心していました。

第四章
自分で決める自分の人生

一本足で立ってみたい、でもちょっと支えて

一　自分で決める自分の生活

●デンマークの民主主義の中身

　デンマークを訪問する日本人の多くが、デンマーク人は「明るく親切」「通りすがりに目が合うと、にこりと微笑む」「生きいきとして人生を楽しんでいるよう」などの感想を述べます。一週間程度の短い滞在でも、何か「生活のゆとり」や「人々が楽しく生きている」姿が感じられ、同時に「日本と何か違う」「どうして？」という疑問もわいてくるようです。

　これはデンマーク人が「生活の便利さ」や「物質的な豊かさ」ばかりにとらわれず、幼い頃から「個」を基本にして育てられ、教育では「自己を知ると同時にまわりと連携すること」を学び、「自分の人生を自分で選ぶ」社会で生活していることによります。そしてこの背景には、「民主主義」というデンマーク人が日々大切にしている社会理念があることは、いうまでもありません。

　ある時、日本の大学生グループに「皆さんにとって民主主義って何でしょう」と尋ねたことがあります。彼らは、少し間をおいて「多数決でものごとを決定すること。かな？」と、自信なさげな答えが返ってきました。これは、彼らにとって、民主主義の中身が不透明なせいでしょうか。それとも身近に感じていないからでしょうか。さらに、日本ではまだ「民主主義」という言葉は、ともすると政治色が強いのでやっかいです。

世界には、民主主義を掲げている多くの国がありますが、内容や理念はまちまちであり、その国の土壌に挿し木された民主主義もあれば、まだやっと芽生えたばかりの民主主義もあります。ところが、デンマークでは今から一五六年前（一八四九年）に君主制度が廃止され、民を主とする制度（民主主義制度）が導入された歴史があり、民主主義の根は世界のどの国よりも深く太い根を張っていて、あらゆる分野、状況の中で日常的に「デモクラティ（Demokrati）」という言葉が使われています。

それは、「民主主義」という難しそうな定義を超えて、「権利」と「自由」に基本をおいた、「自分の人生を自分で決めることができる社会」を指し、「自分の意志が置き去りにされ物事が決定されることを好まない」社会形体だといえます。デンマーク国民は、「多くの情報を得て、ものごとの決定に平等に参加し、自己決定し、それに対して自己責任をもつ」というプロセスを重要視しています。そのスタイルは社会、職場、家庭の隅々まで浸透し、それはとりもなおさずデンマーク文化であるといっても過言ではありません。この「デモクラティ」という言葉を抜きにデンマーク社会を理解することは容易ではありません。

しかし、一五六年前に民主制度が導入され「人権」が語られてきたデンマークでも、一九六〇年頃までは、まだ階級社会に見られる一方的な意見、命令、そして権力などが残っていて、「自分の生活を自分で決める」ことは容易ではありませんでした。親は、子どもの将来に干渉し、家庭では伝統的な男女の役割があり、社会では男女の労働条件の格差も見られ、学校では整然と座る生徒の前で、教員が一方的な授業をしていました。しかし、産業の発達とともに、一九六〇年代後半から七〇年代にかけて、デンマークでは「自由」と「権利」を基本として社会政策全般の改良、改革が行われ、生活の質のレベルアップに大きな前進をみました。この背景には「女性運動」や「青年運動」が多大な貢献をしています。

近代産業の発達とともに社会進出した女性たちは男女平等を叫び、若者たちは一九六八年を頂点として、古い価値観から抜け出し、自由で平等な社会を求めて「若者の蜂起」という現象を引き起こし、デンマークの政治政策に大きな影響をおよぼして社会変化を促しました。

その真っ只中のデンマークに、私は足を踏み入れたわけです。テレビのニュースで「同一賃金を叫ぶ女性たち」「産休の改革を求める女性たち」のデモンストレーションが映し出されていましたが、私には彼女らの目的すら理解できませんでした。私とそう年齢が変わらない若者たちは、カラフルな服装や長髪で街を闊歩《かっぽ》し、敬語を除き、それがスタンダード化して「人」と「人」の距離を近くしました。私自身が後日彼らの運動の恩恵を受けるとは思いもよらずに、当時の私は一連の社会現象を人ごとのように距離を置いて見ていました。

こうして、デンマーク人は、一九六〇年代を境に自由と平等を得て、「自分らしく生きる」地盤をせっせと築いていたわけです。そして、何と二〇〇五年には、デンマーク人が「世界一幸せを感じている国民」と位置づけられました。この調査は、オランダ、ロッテルダムにある大学の教授が中心になって九〇カ国にわたって世論調査を行い、二月に結果発表したものです。デンマークは、アンケート内容の総合一〇ポイントのうち、八ポイントを得てトップに挙げられました。ちなみに日本は五・八ポイントだそうです。

この幸福度調査では、幸福な社会に不可欠な五項目があり、デンマークは、各項目とも満点だとしています。

1. 高収入の国
2. 高度な民主主義がある
3. 汚職のない健全な政体で社会構成がよい
4. 個人の人生を形成することを可能にする高度な自由がある
5. 宗教や性の違いを超えた寛容さがある

この調査報告は当日テレビニュースでも取り上げられ「〝デンマーク人は世界一幸せな国民〟と調査結果が出ていますが、あなたは？」と数名の男女の街頭インタビューが報道されましたが、彼らは「幸せ」と笑顔で答えていました。

●職場の民主主義のひとコマ

日本の多くの職場では、春先に人事異動が行われます。どの部署に配置されるのか、楽しみでもあり、不安を感じる人もいるかもしれません。日本からデンマークの高齢者福祉を視察するために派遣されて来た自治体の職員が、視察した内容を公務に活かす間もなく、他の部署に配置されたケースは多くあります。一方、デンマークの企業では、本人の意思がない限り部署が変わることは、ほとんどといってよいほどありません。これは、日本社会がスタッフにゼネラリストになることを求め、デンマーク社会はスペシャリストを求めている、という違いからきているようです。両者ともその国のもつ企業文化や伝統があり、一概にどちらが良くてどちらが悪いということは言えませんが、少なくともデンマーク社会では、本人の意思以外で自分の配置が変わることは、企業の倒産または人員整理などの特別なケースを除いて、見られない現象です。自分の学歴・職歴に合った仕事に携わりますから、その職場が気に入っていれば、定年まで勤めることも可能です。

職場異動、赴任、管理職登用についても、上司の辞令で本人が動かされるということはありません。ポストが空席になると、社内または外部に公募され、希望者が応募して、インタビューののちに決定されるというプロセスを踏みます。本人が望まない限り部署も変わりませんから、その道のエキスパートになっていきます。

教育分野でも同じことが言えます。私の友人キャステンは国民学校の教員でしたが、二〇〇三年に定年退職しました。彼女は二三歳で教壇に立ってから退職するまでの三七年間を、コペンハーゲン郊外の同じ学校で勤めました。彼女はほとんどの場合、一年生から七年生または九年生まで同じクラスを担当しました。ほっぺがまだ優しい一年生から、男子生徒の髭がちょろちょろとしだした九年生までを担当するのは、ひとつのローテーションとしても長い期間です。自分が他校で勤務したいと思わない限り、キャステンのように定年退職まで同じ学校に勤めるのはあたり前のことなのです。退職直後に電話で話した時、「とても楽しい三七年間だったわ。まだ子どもたちに会いたいと思う気持ちはあるけれど、今は決まった時間に起きなくていいことを楽しんでいるわ」と、電話の向こうで声高らかに笑っていました。日本の教員は数年のスパンで他の学校への異動があり、生徒自身もクラス編成で友人が替わり、担任も頻繁に替わると聞きます。どちらの方法がいいか、悪いかの判断はつきかねますが、少なくともデンマーク人の働き方は生きいきとしているように見えます。

●家庭の民主主義のひとコマ

結婚直後、夫が日本の印象として「日本の子どもは、小さいうちは何でも許されるが、おとなになると結婚することも自分で決められないようだ」と言ったことがあります。その頃の私は、夫の言葉を素直に理解することができませんでしたが、デンマーク社会で子育てをしてみて、彼が言わんとしたことが、「自立している人間像」に関連していることだと納得できるようになりました。夫が当時目にした日本の子どもが持つあどけなさ、愛らしさは、デンマークの子どもと何の変わりもありませんが、おとなと子どもの関係に大きな相違を感じたようです。

夫が見た光景は、ハイハイがやっとできるようになった幼児が食卓によじのぼろうとしていた際、食卓の上に置いてあるものを全部下におろして、目を細くして喜んでいる家族の姿でした。「目の中に入れても痛くない」と思う気持ちは理解できますが、幼児だからこそ、食卓はのぼる場所ではないことを伝えなくてはなりません。

日本では、まだ、子どもの進学する学校、大学、そして結婚に至るまで親が関与する、または、影響をおよぼす風潮が少なからず残っています。子どもの自然な自立心が芽生える時期に、親というパワーで子どもに立ち向かうと、子どもとの衝突が避けられない状態になるのは、当然のことでしょう。デンマークの多くの親は、親の決めつけた意見を子どもに当てはめようとすることを好みません。人生の先輩としての意見を述べ、子どもとよく話し合い、最終的には親の考えに収まるかも知れませんが、決定は「あなたが決めなさい」と子どもに委ねます。時には、親の誘導能力を発揮する場合もありますが……。

このプロセスは、「ものごとを自分で考え結論を出す」スタートです。時には、何でも「自分でやる」とか「私が決める」ことを強調しすぎる子どももいて、親が困っている姿も見かけます。しかし、自分で人生の進路を決定することは、決してたやすいことではなく、幼い頃からの育みが、大事な役目を担っています。ましてや自己責任が伴うとなれば、難題です。親は、子どもが成人年齢一八歳になるまで、もっとも信頼できるアドバイザーとして接します。

夫婦間においても、夫または妻が一人で家庭内のことを独断で決める風潮はなく、何ごとも話し合い、納得した上で日常生活を送っています。わが家でも日常的なことですが、友人からの食事の誘いなどでも、必ずお互いの意向を確認してから返事をする習慣になっています。何しろ、デンマーク人は他人にものごとを決定されることを好みませんから、少々面倒なことでもありますが、二人が納得することでものごとがスムーズに運ぶと思えば、回り道も苦になりません。

●社会が求める人物像

デンマーク社会は、自立した人間像を求めています。デンマーク国民がライフクオリティとして位置付けている「自分の人生を自分で決定できる」人生感につながる大きな要素です。自分の人生を自分で決めることは、周囲とのバランス、個人の適応能力、教育方針、そして社会の受け入れなどの関係上、決して簡単ではありません。ところが、この国ではかなりの高いレベルで可能なのです。また、デンマーク社会は、それが国民の幸福につながるというコンセンサスのもと、長い年月をかけて可能になるよう、人々の意見をもとに国家政策を改良してきました。デンマーク人は、「自分の参加なくして自分の人生が決められていくこと」を善しとしません。自分の人生を自分で決定していくからこそ、人生の「終《つい》」を迎える時、「自分らしく生きた」と満足感を味わうことができるのではないでしょうか。

しかし、自分の人生を自分で決定していくプロセスは、個人、社会、政治など多様な環境が整って初めて可能になります。二章の「子ども時代は子どもらしく」の項でもくわしく記述している通り、デンマーク人は幼い頃から「個」を尊重され、おとなと対等に話し合う習慣があります。その中で自主性が芽を吹き、保育園、学校、そして社会へと自分の置かれる環境が変化していく中で、自分の意見や意思を表現し、同時に相手も尊重する姿勢を育んでいきます。「対話」は、相互理解と納得を生み、親と子どもの関係のみならず、子どもたちが育っていくあらゆる社会の中の人間交流に必要とされています。子どもたちは、幼い頃から「自分で考えてごらんなさい」と促され、家庭、保育そして教育現場においても、多様な選択肢の中から「自分で選ぶ」ことを支援されます。こうしたプロセスを経て、自分でものごとが判断できる自立した人物像に成長するのではないでしょうか。

デンマークは、この社会的合意を達成するために、また、それぞれが「自分らしい生活」を築くことができるように、自分の考えを人に伝え、自己の生活に責任をもち、自己管理することが可能な人材を求めています。

●「あ・うんの呼吸」VS「言葉の社会」

日本には、黙っていてもちゃんと相手の気持ちを理解できる「あ・うんの呼吸」というのがあります。「言葉に出して説明しなくても、相手はきちんと私の思っていることを理解してくれている」

とは、何と楽で心地よいことでしょうか。しかし、これはかなりあいまいで、解釈は人によって相違があります。また、「多くをしゃべらない」ことを美徳とする文化も残っています。言いたいことを心に秘め、「何でもない」の一言でその場をしのぐケースも、まだ多くあります。しかし、「あ・うんの呼吸」も「心に秘める」美徳も、デンマーク社会では通用しないのです。ここでは、きちんと言葉で説明することで初めて相手が納得してくれます。少し面倒なところもありますが、それは誤解を避ける手段としても求められています。

まだデンマーク社会に慣れていない時期の私は、「黙っていても夫が私の心の内を理解してくれるはずだ」と思っていました。子どもが幼かった頃、外出先で私が子どもを抱いて歩いていても、いっこうに夫から「代わって抱こうか」という提案がありません。私は私で「そろそろ疲れたことを察して代わってくれないかしら」と思っていましたが、自分から言い出すことにためらいがあり、夫からの言葉を待っていました。それでも彼は、知らん顔。そのうち、私が痺れをきらせて「そろそろ代わってくれてもいいのじゃないかしら」と抗議っぽく伝えると、彼は不意をつかれたように「エッ。抱きたいから抱いているのだと思った」との返事です。私たちの個人的な性質にもよるのかもしれませんが、私は、「こんなことでも言葉で表現しないと理解してもらえないのだ」と、つくづく感じたのです。でも、その時、私が自分の気持ちに正直に、「私は疲れました。代わってください」と言ったなら、夫は当然、快く代わってくれたことでしょう。

また、デンマークでは、楽しみのひとつとして、自宅に友人や家族を食事やお茶に招待する、されるという習慣があります。男性も女性もよく話し、よく飲み、よく食べ、ひとときを一緒に楽しみます。このような日は、得意料理で接待することに加えて、いろいろな話題を提供し合います。話題はもちろんさまざまですが、ある時は世界情勢であったり、選挙が近くなれば政策について談論風発する場面も多くあります。ところが当初、私は、会話を楽しむようなホームパーティを苦痛とさえ感じていました。言葉の問題もさることながら、会話に「女性が口をはさむ」こと自体に躊《ちゅう》躇《ちょ》していたのです。しかし、ここでは逆です。意見のない人は、魅力に欠けてしまいます。集まっている人たちは、競争するかのように自分の言い分、経験を語り、大声で笑い、女性たちもソファに足を組んで深々と座り、それだけでも自信たっぷりという感じです。こんな状況に不慣れだった私が、どうやって会話に入っていくことができたでしょうか。

そんな私を推察して夫はよく、「夏代がこういう経験をした」とか、「日本から帰って来たばかりだ」とか、話のきっかけをつくり、助け舟を出してくれました。しかし、「まあ、よく話をする人たちだな」と思うのと同時に、一言投げかけると「ああでもない、こうでもない」と意見を言い合い、議論する人たちに圧倒され、「なんて理屈っぽいのだろう」と驚異さえ感じていました。「どうして、彼らはこんなに話が上手なのか」「どうしたら自分の意見をもつことができるのか」と、その源を考えると不思議でなりませんでした。一人の人の意見に真っ向から反論するケースがあっても喧嘩にもならず、人の意見も聞く力があって、夜がふけるのも忘れておしゃべりをしています。自分の意見と違う意見と出会ったとき、とことんまで自分の正当性を主張しているようでも、結局は、反対意見が正当だと悟った時点で、素直に認める行動もあっぱれです。このような状況にいつまでも驚き、苦痛に思っていては、私には将来がありません。私は、「郷に入れば郷に従え」と、気持ちを切り替え、「発言する」ことを念頭に心構えを新たにしたのを覚えています。これがけっこう、もと「大和なでしこ」には、大変なことでしたが……。

二　男女参画型社会

●男女平等とは

デンマークを含む北欧諸国の男女平等の権利は世界のトップクラスにあり、こんにちでは男女の違いは「出産」できるかできないかの違いだけだ、といわれるほど男女平等が進んでいます。また、男女平等とは、男女同権が確立されていて、公私において男性と女性が同じレベルで人生を送ることが可能な社会を意味しています。デンマークは世界水準から見ると女性の就労率も高く、あらゆる分野で男性と同等の権利を有しています。しかし、これをデンマーク人にいわせれば、男女が同一の仕事をしても、賃金的には民間企業で一六%、公共分野で九%の差があります。また、二〇〇五年の国政選挙においても一七九議席のうち、女性議員は三六%にあたるわずか六五名で、女性大臣は三五%と、まだもろ手を挙げて喜んではいられない分野があるようです。

男女平等をデンマークで語るとき、それは女性だけが求めるものではなく、「すべてにおいて男性も女性も同じステージに立つ」ことを目的としています。男性が家事や育児に参加することはごく一般的な姿で、共同で仕事を守り家庭を守っています。

最近、私も日本の友人から、子どもが結婚をする、という通知を受ける世代になりました。聞けば彼らは大学を卒業して就職をしても依然実家を離れず、結婚を機に初めて実家を離れて自分の城をもつようです。そのような実情を知ると、「母親に洗濯も料理も任せて何も経験せずに急に独立して大丈夫なの？」と思わずお節介な心配をしてしまいます。もちろん「案ずるより産むが易し」かもしれませんが。デンマークの若者は一八歳頃から実家を離れ独立するのが一般的で（第三章の二）、ここで料理のたいへんさを味わい、洗濯をしなくては着ていくものがないことを悟り、狭い寮の部屋でも掃除をしなければ埃アレルギーに襲われる危険を身をもって経験していきます。だからといってデンマークの男性は全員が料理も家事も上手にできる、というわけではありません。中には料理も家事も「どうしてもセンスがない」という男性が、女性と同じようにいることも確かです。

●主婦か主夫か

息子アキが結婚して六年目になり、彼の娘ステファニーも四歳になりました。タニヤも歯科衛生士の資格をとり、歯科医院に就職して一年になります。アキはデータ会社のエンジニアとして常勤（週三七時間）の仕事についており、タニヤは週二七時間雇用で月、火、木曜日に勤務しています。タニヤの二七時間勤務は、歯科医の衛生士求人内容に沿って応募した結果でしたから、勤務時間が本人のニーズにあっている、ということです。アキとタニヤが経済的に深刻であれば、タニヤも常勤時間にあたる三七時間を埋める残りの一〇時間を他の歯科医院で勤務することも可能ですが、彼らはステファニーの世話に時間をとれるよう、タニヤの二七時間勤務を選択しました。タニヤは、勤務する日は朝七時に家を出て、帰宅は夕方六時です。

デンマークの多くの子どもたちは、両親の出勤時間にあわせて早起きをしなくてはなりませんから、うかうかしていられません。就寝時間を守って親と行動をともにすることが要求されますから、ちょっとした「勤務」のようです。アキの場合、勤務体制がフレックスタイムなので、自分で勤務時間をコントロールすることができます。また、コンピューターと電話回線が会社の費用で取り付けられ、自己管理のもとに自宅勤務が可能です。デンマークではアキのようなフレックスタイム勤務体制がここ数年多くなっていて、二〇〇一年の統計では、フレックスタイムで契約している女性は全体の一八・六％でそのうち九二・一％が利用し、男性は一六・四％でうち八九・一％が利用しています。また、自宅勤務については三一％の女性が自宅勤務が可能で、そのうち八一・六％が利用し、男性では三一％が可能でうち八二・一％が利用しています。この傾向は今後さらに増加するといわれています。

このような勤務体制は、雇用者と勤務者の信頼関係があって成立することはいうまでもありません。パパがフレックスや自宅勤務が可能なことは、ステファニーにとってとても好条件です。母親の出勤時間にあわせて早起きすることなく、朝九時頃までにパパに保育園に送ってもらうことができます。

午後三時半から四時頃になると、コペンハーゲンから市街地にのびる高速道路は渋滞になります。一日の仕事を終え、自宅にもどる人や子どもを保育園に迎えにいく親たちが急いでいるのがわかるようです。アキも三時半か遅くても四時には退社して、ステファニーを保育園に迎えに行き、スーパーで日常食品の買い物をして帰宅するのが日課です。タニヤの勤務日は帰宅が六時すぎですから、パパが夕食を作ります。家事や育児について家庭内で誰が何を担当するのかは、誰に時間があって、また好きか、得意かにも関わってきます。子育てを二人で行い、買い物・料理も協力しあう姿は微笑ましい光景ですが、男性が「どこのスーパーに美味しい肉がある」「少し寒いからタイツをはかせたほうがいい」と、家事や育児が日常生活にすっかり溶け込んでいる姿を見ると、現代のデンマークの若夫婦の家庭には「主婦」が二人いるような錯覚を覚えてしまいます。

●パパも育児休暇

午後の昼下がり、乳母車を押してパパたちがコペンハーゲンのソーシャルセンターに集まってきます。部屋の中では、すでに到着しているパパが、ハイハイして部屋の外に出ようとしているわが子を抱きかかえたり、子どもを膝に抱いて離乳食を食べさせたりしています。テーブルにはクッキーや果物が用意されていて、くつろげる雰囲気です。ソファがあってもパパたちは、床に置いてあるおもちゃ箱と奮闘している子どもたちのために、床に座りこみソファにもたれて仲間と楽しげに

育児休暇中のパパたちが集まる「プレイルーム」は大事な社会的ネットワーク

おしゃべりし、とてもリラックスしているようすです。

私は昨年（二〇〇四年）、「パパのプレイルーム」が発足したと耳にし、「はてさて、何のグループだろうか」と興味津々で連絡をしてみました。従来、自治体が育児休暇中の母親と子どもを対象に「ママのプレイルーム」とか「ミュージックプレイルーム」を、図書館や公民館を利用して開いていましたが、「パパのプレイルーム」は耳にしたことがありません。まさか「パパの遊び場」ではないでしょう、と思いながらコペンハーゲンのソーシャルセンターを訪問してみました。ソーシャルセンターには多様な活動があり、専門家による個人的なカウンセリング、グループカウンセリングなど市民の社会的な問題の相談に応じ、また児童・家族向けに多種のアクティビティを提供しています。また、市民の自主的な活動にも部屋を貸していて、「パパのプレイルーム」も数人のパパの発案で、毎週火曜日午後一時半から五時半まで専用の部屋を利用することができます。

このプレイルームの常連のスーナは女の子のパパで、三カ月半の育児休暇をとりました。「あなた自身の変化がありましたか」と聞くと、「いやあ、育児はフルタイムの仕事で大変です。私が育児をして妻が仕事に復帰していますが、いい経験です。家事や育児の大変さも十分理解できるし、妻を他の視点から見ることも知りました。それに一番いいことは、子どもとの関係がより密接になることでしょうね。これは今後の私の人生において、大変意味深いものだと思います」。また「育児休暇の申請をしたとき、上司はどう反応しましたか」と聞くと、『『いい部下は逃がしたくない』と答え、問題なく許可がおりました」と笑いながら話してくれました。彼は続けて「父親が育児休暇をとって育児をするということは、子どもをまったく違った視点で理解するようになります。毎日一緒にいれば、寝かしつけるのもパパのほうが上手になったり、泣けばすぐに理由がわかったり、何をよく食べるとか、妻が帰宅すると私が娘の一日を報告する立場になったり、とにかく絶対に家族全員にとって健全なことだと思います」と、育児休暇に大賛成でした。「でもやはり子どもと二人だけで家の中に閉じこもっていては、ストレスもたまります。こういう場所に来れば、他の父親が私の娘の世話をしてくれたり、コーヒーを楽しんだり、第一、子ども以外の話題を話せるじゃないですか」と、プレイルームに息抜きにくるメリットも話してくれました。この日に参加していたお父さんは一二名、子どもは一歳未満が大多数で、子どものためよりも、やはり「パパの遊び場」のようです。

ある日のテレビで、国連の男女平等を担当するアメリカ人の学者のインタビューが放送されていました。番組の中で学者は、「男性が子育てにかかわることは人間性を高めること。男性の育児参加は大事なことで、おおいに認めなくてはならない」と発言していました。私は育児休暇中のパパたちを思い浮かべながら、「ごもっとも」と、テレビに向かって拍手をしたい気持ちでした。

●自立した女性たち

「どこに行っても女性が働いていますね」と、デンマークを訪問する日本人はたいそう驚かれます。そして「女性が強いのですね」と思われるようですが、「いいえ、強いのではなく自立しているからです」というのがデンマークの女性の姿です。確かに「主婦」という女性の肩書きは消滅し、「夫に食べさせてもらう」など考えもおよばないことでしょう。女性は男性と同じように自分が自分らしく生きるために教育を受け、その教育をもとに職につき、経済力をもち、精神面・物質面でも自立して社会を担う労働力となって、六五歳の定年まで仕事をしています。特に一九八三年に施行された「既婚女性の独立申告制度」の導入で、自分の収入に対して「納税する義務と権利」を得たことから、女性の経済的自立意識が更に強まっていきました。

特に近年の若い女性の間では、「家庭と仕事の両立がうまくできている証」として、キャリアを積み、複数の子どもをもつことがステータスになっているといわれているほどです。確かにデンマークでは、一〇年前の女性たちに比べ、より仕事に対して高いキャリア意識をもち、ダイナミックに仕事をこなして重要なポストにつく女性たちの人数も増加しています。この傾向は、女性自身が望むだけではなく、産業・経済界を含む社会全体が「男性と女性が等しく社会参加することが健全な社会の姿であり、経済成長に不可欠」という社会的合意があるからです。しかし、現時点で重要ポストにある女性の人数がまだ不足しており、女性の「潜在している可能性」をいかに見つけることができるかが注目され、特に大企業では管理職を男女均等にする方策がとられています。

たとえば、従業員一万七〇〇〇人を抱えるデンマーク大手の電信電話配給会社は現在、全従業員の男女の割合は男性六〇％、女性四〇％で、最高管理職では男性八五％、女性一五％、中間管理職では男性七〇％、女性三〇％ですが、一九九七年から全職種レベルで男女均等に採用する人事政策をとっています。また、優秀な女性スタッフを各部門からプールして、必要に応じて管理職をめざすタレント・プール政策を導入しています。また、この会社では二〇〇一年から三年間をかけて、男女の上司に対する評価を従業員にアンケート調査したところ、「包括的にものごとを判断することができ決断が早い」という評価項目で、男性が七〇％に対し女性上司は七二％で、女性上司にやや高い評価結果が出ています。

今、デンマークで「もっと女性をトップに……」というスローガンが流行しているようで、ともすれば「男性陣がおちおちしていると女性勢力に飲み込まれるのでは」と、冗談とも本気とも受け取れる研究者の声も耳にします。仕事を精力的にこなす女性も、一日の仕事を終えて子どもと再会する時、子どもが満面の笑顔で抱きしめてくれれば、彼女の疲れはいっぺんに吹き飛んでいくことでしょう。

参考データ

(2003年)

デンマークの15〜66歳の女性人口は、181万7000人。15〜66歳の就労女性人数は126万5000人であり、69.6%にあたる。

女性の就労人数

年齢	人数	週平均労働時間(注)
15〜24	18万4000	22.5
25〜29	14万5000	33.8
30〜39	32万0000	35.5
40〜54	46万6000	35.0
55〜66	15万0000	32.8

(注) デンマークの一週間常勤労働時間 37時間

デンマークの総女性人口	272万1000
14歳以下の女性数	49万4000
15〜66歳の女性数	181万7000
67歳以上の女性数	41万0000

(出典:デンマーク統計局 www.dst.dk)

三　生きて歳をとって

●自立している高齢者

デンマークでは、高齢期を「歳をとるために生きるのではなく、生きるために歳をとる」と考えています。これには「余生」という文字にこめられた「残りの人生を送る」というようなニュアンスは感じられず、高齢期を「第三の人生」として前向きに考える人生観がにじみ出ています。

ある日、日本からの客が「歳をとることに不安はありませんか」とデンマークの高齢者に尋ねたところ、「歳をとることは嬉しいことではないけれど、歳をとらないのも困ったものだ」と、微笑とともに答えが返ってきました。日本からの客に質問されたデンマーク人は男性の一人暮らし。日本人の目から

できる限り「自分の生活は自分で」老いを楽しむ老夫婦

見れば「なぜ子どもと住まないのだろうか」と、少し気の毒に思ったのかもしれません。しかし、デンマークの高齢者は子どもと同居することなく、口を揃えて「できる限り自分の生活は自分で」と言い、自立した生活を送っています。子どもが巣立ちしたあと、再び夫婦だけの生活があり、配偶者を亡くして一人になっても子どもと同居することはなく、お互いの生活を尊重しながら自分の生活を自分で守っています。

自立した生活を可能にし、また高齢期を前向きに考えることができる要因は、「経済的」「身体的」「精神的」な問題に左右されます。デンマークではすべての国民に公的老齢年金が支給され、生活を保障しています。また、加齢とともに健康の不安は増してきますが、「診断から臓器移植に至るまで」医療は公的医療なので、本人の負担はありません。「精神的」な問題は個々の生活姿勢や家族環境で異なります。親と子、祖父母と孫の関係は一瞬にして築かれるものではなく、家族の長年の育みの成果です。長い間、子どもや孫に興味を示さなかった人が歳を重ね、ふと気がつくと「訪ねてくる人が誰もいない」と、寂しさを訴えても「あとの祭り」ということもなきにしもあらず、です。

週末ともなると、わが家の前の道路を、祖父母、両親、子どもたちのグループが近くの林に散歩に出かける光景をよく目にします。わが家の隣人のところに、子ども夫婦が孫を連れて遊びにきたのでしょう。孫が元気よく先頭にたち、大人たちはそれぞれの会話を楽しみながらゆっくりと通りすぎていきます。この子たちの両親は、ウィークデイにそれぞれ仕事で忙しい日々をすごしていますが、週末になると子ども連れで両親を訪ね、食事やお茶の時間をともにする光景が多くあります。

私たち夫婦が今の住所に引っ越してきたのは、かれこれ三〇年前のこと。幼な子つきで引っ越してきたのはいいけれど、まわりには同じ年頃の子どもの姿が見かけられません。それもそのはず、通りは通称「銀婚式通り」と呼ばれ、隣近所の夫婦は銀婚式を迎える年代で、彼らの子どもたちはそろそろ親もとから独立していく年代でした。ところが今は「退職者通り」となり、右を見ても左を見ても「退職者」ばかりです。わが家の前の道に沿って二〇軒の家が立ち並び、そのうち四軒は配偶者を亡くした後、一人で暮らしています。それぞれの家は土地六〇〇平米に住居一五〇平米の家をもち、夏ともなれば庭の手入れも大変です。斜め前に住むベッツ夫妻は妻のキャステンが八〇歳、夫のボーウは八五歳で、それぞれの職場を一五年ほど前に退職し、彼らなりの活力ある人生を楽しんでいるデンマークの中堅の退職組です。彼らには、比較的近くに住む三人の成人した子どもと一〇人の孫がいますが、ほとんどの週末は「誰が来る」「誰のところに行く」と頻繁に行き来がありますす。キャステンは数年前に大腿骨脱臼を患い何回かの手術を経験し、歩行には杖を使うようになりました。

風が強い日、私は両手に杖をもち散歩するキャステンと道で会い、立ち話になりました。そのうちにキャステンが、「寒くなったわね。ジャンパーを閉めないと」と言いながら、自分の両手が杖を支えていることに気が付き、「どうしようか」という表情をしました。私はとっさに、「閉めてあげましょうか」と口に出してしまいました。キャステンは一瞬、間をおき、「いや、代わりに杖をもっていて」と言います。私もこの「あたりまえの答え」があることを知っているのに、なぜ、「ファスナーを閉めてあげる」などと口に出したのだろうと、ささいなことながら悔やまれました。

ボーウは一〇年前から心臓をペースメーカーに助けられていますが、毎年、庭の片隅の野菜畑にじゃがいもとトマトを植え、その道の「通」であることを自慢にしています。私が二人の体調を心配すると、「この歳になれば誰でもどこか故障が起きるものでしょう」と、あっさりとした答えが返ってきました。歩くより自転車のほうが楽とかで、二人でよく近郊をサイクリングして健康管理をしています。私たちの人生は退職後も継続していきます。ベッツ夫妻にとっても、退職後は〝毎日が日曜日〟のようですが、在職中も行っていたように、毎年数回は夫婦でスペインやギリシャに旅行し、日常生活に彩を添えています。

●弱い高齢者への援助

デンマークは「福祉の豊かな国」として内外に知られ、ともすれば年寄りは皆ホームに入居しているか福祉に依存しているような錯覚をもたれかねません。しかし、六六歳以上の人口六九万九五〇〇人中六七％の高齢者は何の援助も受けず、「できる限り自分の力で」市民生活を送っています。

しかし、加齢や疾病によって自分の生活が維持できなくなったり、困難になった場合に、初めて在宅ケアや住居問題が専門家に委ねられます。高齢者介護・看護のサービスは自治体の責任であり、

〝身心障害をもってもその人のライフクオリティを維持できる生活〟を支えるという大きな目的があります。介護・看護サービスは家族構成、経済力にかかわらずあくまでも本人のニーズによって提供されます。在宅ケアのサービスを受けている人口は六六歳以上の人口の約二四％にあたる一七万三五〇〇人で、介護つき住宅（ホーム）には九％にあたる六万二五〇〇人が入居しています（二〇〇三年の統計）。

現在のホームの入居者は、あらゆる方法で在宅ケアサービスを受けたのち、自宅での生活が限界と判断された人で、ほとんどの場合、重度の認知症を患っています。現在デンマークでは認知症の患者が八万～一〇万人いるといわれ、毎年二万人が新しく認知症の患者として増加しています。

●義母インガのホーム入居

私の八九歳になる義母インガも、介護住宅（ホーム）に入居している一人です。彼

指が麻痺してタバコをもてない。補助器具センターの発明品で、好きなタバコを再び楽しむ

女も「できる限り自分の生活は自分で」と口癖のように言っていましたが、六〇歳代で進行した網膜剝離《はくり》で視力が減退し、それが彼女の生きるすべての活力を奪ってしまったようです。七〇代後半から軽度の認知症も出ていて、夫アルファが九五歳で病死した後は夫を亡くした失意も加わってか、日増しに認知症がひどくなってきました。インガはわが家から徒歩で一〇分ほどの距離にあるアパートに住み、一日数回訪問するヘルパーの援助を受けながら、八六歳まで独居生活をしていました。もはやコーヒーメーカーのスイッチも判断できず、一日中キッチンの片隅に座っているような日々を送っていました。私たちはインガの介護は専門家に任せ、家族の誰かがインガを毎日訪問して、一緒にコーヒーを飲み、一日の出来事を話すように訪問担当日を分担しました。

あるお天気の良い日に、わが家に連れてこようと靴を履くように促すと、外出を極端に拒みました。私は「理由など言わないでだまって連れて来ればよかったのに。来れば来たできっと楽しいと思うはず」と、義母をプッシュしなかった夫にアイディアを出したつもりでしたが、夫は「お母さんの自己決定でしょう」と、インガの意思を尊重することを良しとしました。「そうか、周囲が何と考えようと、本人の決定なら尊重すべきなのだ」と、やはり自立している人たちの社会ならではの発想だと気がつきました。

インガの顔に表情の変化が薄れ、放心したような顔つきが増えるのと並行して認知力もひどくなり、ホームヘルパーの訪問回数も増加されるようになりました。

二〇〇一年の冬、ホームヘルパーからの連絡で、インガが総合病院に入院したことを知りました。

介護住宅のインガの居室を訪れたビョワァー

インガは夜中に起きてトイレにでも行くつもりだったのでしょうか。寝室で倒れているのを朝のヘルパーが見つけ、救急車を呼んだそうです。結果は右腕骨折で二週間の入院でした。入院中のインガには何となく前向きの気力が感じられ、私たちが訪問すると「退院したくない」と、本心か気まぐれなのか判断しにくいことを言いはじめました。考えられるのは、病室の人の出入りがけっこうインガを刺激して思考力がアップしているのではないか、ということでした。誰もが、インガは自宅にもどるのではなく介護住宅に入居したほうが、本人にとってプラスになると判断しました。

介護住宅はグループホーム形式で自分の部屋がありますが、ドアのすぐ外には介護スタッフがいるし、食事も一人で食べる必要がありません。しかし、これは私たちが判断したことで、インガの判断ではありません。デンマークでは自己決定が尊重され、本人の意思以外で何ごとも動かすことはできません。介護住宅申請書にもインガの署名が必要です。昔からインガは、「プライエム（ナーシングホーム）には絶対入らない」

と言っていましたし、また住み慣れたアパートから引っ越すことなどとても受け付けないことは明らかでした。私たちはいかにインガを納得させるかと作戦を練りました。インガが知っているホームは一人一室の旧式です。現在は介護住宅といい、六七平米で広いトイレとベッドルームとリビングの二部屋にミニキッチンの設備もあります。私は、〝プライエム〟という言葉をつかってはだめ。介護住宅と説明することを忘れないように」と夫に念をおしました。

最終退院コンファレンスのその日、出席したのはインガ、作業療法士、看護師長、医師、夫の妹そして私たち夫婦でした。看護師長がインガに向って「インガ、あなたは病院で楽しくすごしたようですね。まわりに誰かいつもいるのが良かったのかしら」と話し始めました。

インガは頭を下向きにしながらも「Ja（はい）」と答えました。師長は「今のアパートにはヘルパーが自転車で訪問するけれど、ヘルパーやスタッフが近くにいると安心ですよね」と続けました。これにもインガは「Ja」と答えました。ここまではスムーズです。インガの「Ja」を受けて師長は核心に触れるように「プライエムの入居を申請できるけれど、賛成ですか」と、旧式な名称「プライエム」を口に出してしまいました。それを夫がとっさに受けて「介護住宅でしょう」と念を押しました。インガは「介護住宅ってなに」と、いつにない好反応で質問してきます。「介護住宅っていうのは、スタッフがいつもあなたの近くにいて安心できるところですよ。生活はあなたのいつもの生活とまったく変わることはありません」と、作業療法士がフォローします。インガがどう答えるか、私たちは固唾を飲んで見守っていましたが、再度尋ねる師長にインガは承諾の「Ja」と答えました。夫に右手を支えられて申請書に自力で大きく、ゆらゆらと揺れた字で署名を終えました。

インガが病院を退院して市役所から入居可能の通知が来るまで三カ月の待機でしたが、その間、夜中を含むヘルパーの頻繁な派遣を受けて暮らしていました。入居可能な日が決まっても、本人を混乱させるだけなので、その日が来るまでいっさい話題に出すことはありませんでした。インガが、はたして引っ越すことを覚えていたのかどうか不明ですが、以来それについて尋ねることもなく淡々とした日々をすごしていました。介護住宅はアパートで、共同のダイニングを囲んで九戸あり、スタッフステーションを含めて一ユニットとなっています。ケアセンターにはこのようなユニットが五つあり、それぞれのユニットはガラス張りの廊下で往来することができます。介護住宅は他の高齢者施設入居と同じように家賃を払います。高齢者の中には、判定が下りて入居が決まっても、その人の年金収入では家賃の負担が大きい人もいます。しかし、家賃の問題で入居できないのでは本人のニーズは埋まりません。判定の下りた人で経済的に負担が大きい場合は、住宅補助を申

インガの居室。使い慣れた家具が並ぶ

請することができ、どんな経済状態でも必ず入居が可能になっています。

インガは長年住み慣れたアパートから、人生をともにすごしたほとんどの家具とともに介護住宅に引っ越しをしました。カーテンもカーペットもアパートで使っていたものですから、以前の室内環境とほとんど変わりはありません。私たち家族は、スタッフが近くにいる環境になった今も、インガを毎日交替で訪問しています。今のインガはまったくといっていいほど思考力がなく、自分から話しだすこともなく、私たちの問いに、たまにぽつりと返事が返ってくるだけになりました。しかし認知症が重度になって、私たちからどんどん離れていってしまっても、「人の尊厳」を考えたとき、「インガらしい生活」が最後まで継続されるのは当然のことです。

デンマーク人は、「年寄りは元気でいてほしい」と誰もが言います。これは、デンマークの過去を歩き、現在を築いてきた人たちを尊重する心の表れではないでしょうか。見守られながら幼い頃から自立心を育まれ、自分を知ることによって「自分らしい人生」を築くことが可能です。人々は「子どもは神様の贈り物、年寄りは芸術の賜物」といいます。望まれて生れてくる子どもたちと、公的資金で年寄りの尊厳を確保している社会ならではの、人間に対する愛のメッセージではないでしょうか。

デンマークの教育システム

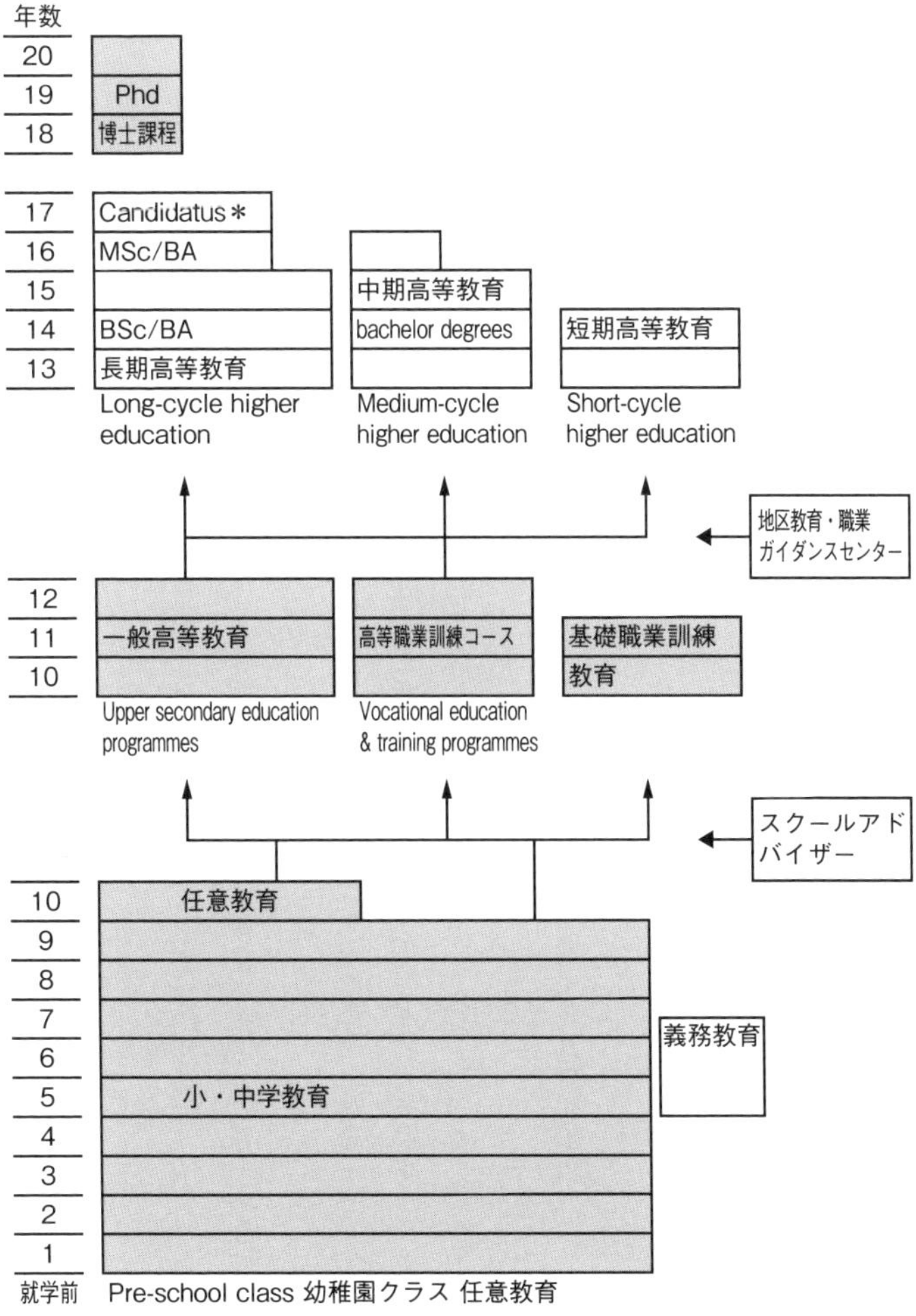

＊一部は2年以上

Copied from Minisrty of Education, Denmark, 2004

●デンマーク関連の推薦図書

①『福祉の国からのメッセージ―デンマーク人の生き方・老い方』（小島ブンゴード孝子／澤渡夏代ブラント著・丸善ブックス）

②『パンケーキの国で―子どもたちと見たデンマーク』（伊藤美好著・平凡社）

③『生のための学校―デンマークで生まれたフリースクール「フォルケホイスコーレ」の世界』（清水満編著・新評論）

④『さあ森のようちえんへ―小鳥も虫も枯れ枝も　みんな友だち』（石亀泰郎文と写真・ぱるす出版）

⑤『福祉の国は教育大国―デンマークに学ぶ生涯教育』（小島ブンゴード孝子著・丸善ブックス）

⑥『LOVING　vol 1　教育の意義を問うほか』（デンマーク大使館　シルバーストーン編集・紀伊國屋書店）

⑦『平らな国デンマーク―「幸福度」世界一の社会から』（高田ケラー有子・NHK出版）

⑧『北欧のエネルギーデモクラシー』（飯田哲也著・新評論）

⑨『デンマークの歴史』（橋本淳編著・創元社）

⑩『少子化をのりこえたデンマーク』（湯沢雍彦編著・朝日選書）

●デンマーク関連のウェブサイト

デンマーク情報総合　http://www.danmark.dk/

デンマーク教育省　http://eng.uvm.dk/
デンマーク社会研究所　http://www.sfi.dk/
インターナショナルピープルズカレッジ　http://www.ipc.dk/
自然・生産学校　http://www.naturskolen.dk/en/
技術高等学校　http://tec.dk/eng/
ロスキレ大学　http://www.ruc.dk/ruc_en/
家族計画協会（The Danish Family Planning Association）　http://www.sexogsamfund.dk/

おわりに

そもそも、私がデンマークの社会のあり方、人々の考え方に興味を抱いたのは、三〇年前に五九歳にして脳血栓にみまわれ、その日を境に半身不随と言語障害をもつ障害者になってしまった父に、その動機があります。一家の働き手を失うことは、家族に大きな経済的・精神的な負担を与え、日本の社会で病人をもつことの大変さを、身をもって経験しました。母は父に代わって職を得る必要があり、父の介護を特別養護ホームに託したくても、「六〇歳以上が条件」とのことで、五九歳の父には適用されませんでした。悪戦苦闘の末、父はなんとかホームに入居することができましたが、近代的な建物とはうらはらに、その内容には、「看てあげる」という傲慢さが感じられ、デンマークの「個人のニーズ」に対応する公的介護とは、両極端の相違でした。以来、父の闘病生活をきっかけに、母には「尊厳ある老後」をすごしてほしい、との強い思いで、日本とデンマーク両国の二つの視点から「社会と人々の考え方」を見つめてきました。

私は時おり「もし、私が海外に飛び出していなかったら……」という自分の姿を想像することがあります。そうだったら、普通に結婚し子育てをして、子どもの受験先を案じる母親で、夫の遅い帰宅を当然のこととして待つ妻だったかもしれません。それとも……働く女性として、結婚や子育てを両立できずにいる独身のキャリアウーマンであったかもしれない、などと思いを馳せています。

しかし、私はやはり海外に出たからこそ、今の「私らしい人生」を歩むことができたと実感しています。私には、海外に出る大義名分はありませんでしたが、私が今、私なりの充実感を味わうことができるのは、私の青春時代に大きな源があると思います。横浜港から出発して結婚するまでの二年間は、相談する両親もいない遠い地で、「自分でものごとを考え、判断し、責任をもつ」という姿勢は当然のことでした。この経験の積み重ねが自然発酵して私の自信につながり、何ものにも替えがたい青春時代となりました。

また、縁があって結婚したデンマーク人の夫は、私を一人の人間として尊重し、常に「あなたが〝よい〟と判断したことならやればいい」という姿勢であったことは、私の成長のバリアとならず、自分自身を切り開くことを促してくれたと思います。

それと同時に、私は「デンマーク社会に大いに育てられた」と痛感せずにはいられません。デンマーク社会の寛大さ、自由さ、平等さ、そして偏見のない社会性が、私をも受け入れ、「自分らしい人生」を送ることができた大きな要因であると感じています。それは、デンマークで教育を受けたからということではなく、夫をはじめ家族、そして周囲の人々の生活姿勢や考え方を知り、自分のもっていた概念から脱皮し、別の角度からものごとを見る機会に出会えたからにほかなりません。

現在、私と入れ替わりに、次男と末っ子の長女は日本に住み、それぞれ仕事に就いています。世間では、国際結婚で生まれた子どもを便宜上「ハーフ」と呼びますが、私は、どうもハーフという名称になじむことができません。少なくともわが家の子どもたちは、言葉を含め、二つの国の文化を同時に吸収しながら成長してきました。彼らは、二つの国を愛し、二つの国の言葉や考え方をもち合わせ、半分どころか二倍の文化をもっている、私流でいう「ダブル」だ、と思っています。

夫も現役を退職し、勤務時代にはできなかったことを楽しみ、自分らしくすごしています。三五年前、私と会ったおかげで知ることになった、醤油の味と箸は、友人の夕食の招待席や、バカンスに行くにも必須の携帯品となり、みんながフォークとナイフで食事をとる中で、ただ一人、箸で食事を楽しみ、「前世は日本人？」と、途方もないことを想像させるほどです。

そして何よりも孫の誕生が、私たちの「生きる意味」をさらに深くしてくれました。何の情報ももたない白紙状態の小さな人間がやがて言葉を覚え、伝える技術を学び、自我を育み、また周囲との関連を学びながら育っていく姿を見つめることは、私自身の子育ての〝おさらい〟で楽しくもあり、また「へぇー」と思う新発見や、「なるほどね」と納得することもたくさんあり、飽きることがありません。

私は長いデンマーク生活で実感した、「愛されて育った子は、人を愛せるおとなになる」、そして「子どもが社会に愛されれば、その子は社会の大事な人材になる」ということをメッセージとして本書に託しました。しかし、デンマークも決して「花園」だらけの国ではありません。「個」を尊重し「自己決定」が可能な人間像の育成は、ともすれば理解不足で「エゴ」人間に育ち、「自分さえよければ」主義の人間を生み出すことになりかねません。また、一九六〇年代後半から進展した、自由で平等な社会体制の中で、「自由」のはき違えに溺れる人がいることも事実です。また、「移民を含む公費で生活をする人々を、いかに労働市場に参画させるか」など、課題山積です。このような課題に向けて保育園、教育機関はもちろんのこと、企業、労働組合など多くの場で討論が行われ、国政の中でも「次の時代のデンマークを担う人材」をテーマに教育省、労働省などでワーキンググループを超党派で構成して検討しています。

何はともあれ、私はこの半年というもの、多くの人に日本とは違う考え方・生き方を伝えたい一心で、パソコンと向かい合ってきました。願わくば、本書が少しでも多くの人の心にとどまり、ものごとを別の角度からみるひとつのアイディアとして役立つことができれば、と思っています。

最後に、本づくりに並々ならぬ情熱をもち、本書の出版に向けて誠意を込めて指導およびアドバイスをしてくださったフリーダム代表の桐野昌三氏、並びに原稿をていねいに読み、そのつど激励してくださり、次にすすむ勇気をくださった江口恒子・千春夫妻に深く感謝いたします。

また、私の主旨に賛同していただき、出版のチャンスをくださった大月書店編集部の松原忍氏に心よりお礼申し上げます。この本は、私の日本とデンマークの家族、そして多くの友人たちの激励と応援に支えられて出版にたどり着くことができました。そのすべての人に、心から感謝いたします。ありがとうございました。

二〇〇五年九月　コペンハーゲンにて　夏代

◉著者略歴

澤渡夏代ブラント

（さわど・なつよ・ぶらんと） 1946年（昭和21年）東京生まれ。
武蔵野女子学院卒業後、デンマークへ。1969年デンマーク人ブラントと結婚、2男1女の母。フリーランスの通訳業務を経て、1985年にコーディネーション会社設立。デンマークの医療・福祉・教育分野の研修及び講師、テレビ局・メディアのコーディネーションに従事。日本での執筆及び講演活動を行っている。
十文字学園女子大学高齢社会生活研究所〈客員研究員〉（2004～2006年）
主な著書 『豊かさ実感できる医療もとめて』（共著・章文館）／『福祉の国からのメッセージ―デンマーク人の生き方・老い方』（共著・丸善ブックス）

カバーデザイン＝アドリブ・澤渡嘉明

デンマークの子育て・人育ち

2005年11月11日 第1刷発行
2011年 2 月14日 第8刷発行

定価はカバーに表示してあります

◉著者――澤渡夏代ブラント
◉発行者――中川 進
◉発行所――株式会社 大月書店
〒113-0033 東京都文京区本郷2-11-9
電話（代表）03-3813-4651
振替00130-7-16387・FAX03-3813-4656
http://www.otsukishoten.co.jp/
◉印刷――太平印刷社
◉製本――中永製本

ISBN978-4-272-41167-2 C0037